MIX
Papier aus verantwortungsvollen Quellen
Paper from responsible sources
FSC® C105338

Robert Wolf

Privatbankiers in Deutschland

Kampf ums Überleben?

Diplomica Verlag GmbH

Wolf, Robert: Privatbankiers in Deutschland: Kampf ums Überleben?
Hamburg, Diplomica Verlag GmbH 2013

Buch-ISBN: 978-3-8428-8217-1
PDF-eBook-ISBN: 978-3-8428-3217-6
Druck/Herstellung: Diplomica® Verlag GmbH, Hamburg, 2013

Bibliografische Information der Deutschen Nationalbibliothek:
Die Deutsche Nationalbibliothek verzeichnet diese Publikation in der Deutschen Nationalbibliografie; detaillierte bibliografische Daten sind im Internet über http://dnb.d-nb.de abrufbar.

Das Werk einschließlich aller seiner Teile ist urheberrechtlich geschützt. Jede Verwertung außerhalb der Grenzen des Urheberrechtsgesetzes ist ohne Zustimmung des Verlages unzulässig und strafbar. Dies gilt insbesondere für Vervielfältigungen, Übersetzungen, Mikroverfilmungen und die Einspeicherung und Bearbeitung in elektronischen Systemen.

Die Wiedergabe von Gebrauchsnamen, Handelsnamen, Warenbezeichnungen usw. in diesem Werk berechtigt auch ohne besondere Kennzeichnung nicht zu der Annahme, dass solche Namen im Sinne der Warenzeichen- und Markenschutz-Gesetzgebung als frei zu betrachten wären und daher von jedermann benutzt werden dürften.

Die Informationen in diesem Werk wurden mit Sorgfalt erarbeitet. Dennoch können Fehler nicht vollständig ausgeschlossen werden und die Diplomica Verlag GmbH, die Autoren oder Übersetzer übernehmen keine juristische Verantwortung oder irgendeine Haftung für evtl. verbliebene fehlerhafte Angaben und deren Folgen.

Alle Rechte vorbehalten

© Diplomica Verlag GmbH
Hermannstal 119k, 22119 Hamburg
http://www.diplomica-verlag.de, Hamburg 2013
Printed in Germany

Inhaltsverzeichnis

Inhaltsverzeichnis I

Abkürzungsverzeichnis IV

Einleitung 1

1. Grundlegung 2

    1.1. Definition Privatbankiers 2

        1.1.1. Rechtsformorientierte Begriffsbestimmung 2

        1.1.2. Ökonomische Begriffsbestimmung 5

        1.1.3. Arbeitsdefinition 6

    1.2. Historische Entwicklung 7

    1.3. Besonderheiten und Erfolgsfaktoren 9

        1.3.1. Tradition 9

        1.3.2. Vertraulichkeit und Diskretion 10

        1.3.3. Persönliche Kundenbetreuung 10

2. Typologische Betrachtung der Privatbankiers 10

    2.1. Kundenkreis 11

    2.2. Geschäftsgebiet 11

    2.3. Geschäftskreis 12

    2.4. Trägerschaft 12

    2.5. Bankengröße 13

    2.6. Typen von Privatbankiers 13

3. Kundensegmentierung 15

    3.1. Retail Kunden 15

    3.2. Private Banking Kunden 15

    3.2. Firmenkunden 15

    3.3. Institutionelle Anleger 16

4. Marktpolitische Aspekte der Privatbankiers 16

4.1. Sortimentspolitik 16

    4.1.1. Definition Private Banking 17

    4.1.2. Transaktionsleistungen 18

    4.1.3. Vermögensaufbau 18

    4.1.4. Finanzplanung 19

    4.1.5. Vermögensverwaltung 20

    4.1.6. Beratung in Sonderfragen 21

    4.1.7. Family Office 21

4.2. Preispolitik 22

    4.2.1. Provisionsvergütung 22

    4.2.2. Honorarvergütung 23

        4.2.2.1. Zeithonorar 24

        4.2.2.2. Erfolgshonorar 24

        4.2.2.3. Pauschalpreis 25

        4.2.2.4. Verwaltungsgebühr 25

4.3. Vertriebspolitik 25

    4.3.1. Persönlicher Vertrieb 25

        4.3.1.1. Filiale 25

        4.3.1.2. Mobiler Vertrieb 26

        4.3.1.3. Telefon 26

    4.3.2. Elektronischer Vertrieb 26

        4.3.2.1. Internet 27

        4.3.2.2. SB-Technologie 27

    4.3.3. Multi-Channel-Banking 27

4.4. Kommunikationspolitik 28

5. Herausforderungen für Privatbankiers heute und in der Zukunft 29

    5.1. Wachsende Konkurrenz 29

    5.2. Eigenkapital 29

    5.3. Nachfolgeregelung 30

5.4. Verändertes Kundenverhalten 31

5.5. Wachsende Anzahl vermögender Kunden..32

5.6. Demographischer Wandel 33

5.7. Kooperation mit Retailbanken 34

6. Zusammenfassung und Ausblick 34

Wissenschaftlicher Anhang VII

Verzeichnis der Abbildungen im Anhang VIII

Literaturverzeichnis XXXI

Abkürzungsverzeichnis

AG	Aktiengesellschaft
FPSB Deutschland	Financial Planning Standards Board Deutschland e.V
HNWI	High Net Worth Individual
KG	Kommanditgesellschaft
KGaA	Kommanditgesellschaft auf Aktien
OHG	Offene Handelsgesellschaft
UNHWI	Ultra High Net Worth Individuals

Einleitung

In der Literatur wird den Privatbankiers übereinstimmend eine Schlüsselfunktion für die Industrialisierung Deutschlands im 19. Jahrhundert zugemessen.[1]

Und obwohl die Privatbankiers die älteste und traditionsreichste Gruppe innerhalb der deutschen Kreditbanken repräsentieren, stellen sie heute eine der kleinsten Gruppen in der Bankenbranche in Deutschland dar. Addiert man ihre Bilanzsummen, kommt man auf einen Bruchteil dessen, was beispielsweise die Deutsche Bank als Bilanzsumme ausweist.

Im Jahr 1925 existierten über 1400 Institute,[2] 1957 gab es noch 245 und 1997 nur noch 61 Privatbankiers in Deutschland[3]. Dieser negative Trend setzt sich bis heute fort. Aktuell gibt es etwa noch zwei Dutzend unabhängige Privatbankiers.[4]

Historische Gründe für den Niedergang der Privatbankiers waren die verschärfte Konkurrenz mit den entstehenden Aktienbanken Mitte des 19. Jahrhunderts[5], die fehlende Unterstützung nach dem Börsencrash 1931 seitens der Reichsbank und die behördliche Benachteiligung und Schikane von Privatbankiers, deren Inhaber größtenteils jüdischer Herkunft waren, durch die Nationalsozialisten[6].

Der Konzentrationsprozess, der nach dem zweiten Weltkrieg begann, setzt sich im deutschen Bankgewerbe bis heute fort. Dabei verloren viele Privatbankiers durch Übernahmen[7] ihre Unabhängigkeit.[8]

In der folgenden Untersuchung wird versucht, ein umfassendes Bild über die deutschen Privatbankiers aufzuzeigen. Dabei werden zunächst grundlegende Informationen zur Abgrenzung, zur historischen Entwicklung und zu den Besonderheiten der Privatbankiers vermittelt.

---

[1] Vgl. Ulrich, Keith: Aufstieg und Fall der Privatbankier. Die wirtschaftliche Bedeutung von 1918 bis 1938, in: Pohl, Hans (Hrsg.): Schriftreihe des Instituts für Bankhistorische Forschung e. V., Band 20, Frankfurt am Main 1998, S. 1.
[2] Vgl. Partin, Karl-Michael: Privatbankiers in Europa, Aachen 1995, S. 1.
[3] Vgl. Büschgen, Hans Egon: Bankbetriebslehre. Bankgeschäfte und Bankmanagement, 5. Auflage, Wiesbaden 1998, S. 179.
[4] Vgl. Internet-Recherche vom 23.06.2011, http://www.handelsblatt.com/unternehmen/mittelstand/bankhaus-metzler-deutschlands-letzte-privatbank-in-familienhand/3829986.html?p3829986=all, Niedergang der Privatbankiers.
[5] Vgl. Partin, Karl-Michael: a.a.O., S. 47 f.
[6] Vgl. Ulrich, Keith: a.a.O., S. 309 ff.
[7] Beispiele sind unter anderem: Trinkaus & Burkhardt (im Besitz der HSBC), Bethmann und Delbrück (beide ABN Amro), Merck, Finck & Co. (KBC) und Schröder, Münchmeyer & Hengst (erst Lloyds Bank, danach UBS).
[8] Vgl. Internet-Recherche vom 23.06.2011, http://www.faz.net/artikel/C31151/konzentrationsprozess-die-zahl-der-privatbankiers-geht-immer-weiter-zurueck-30009894.html, Konzentrationsprozess.

Im folgenden Teil werden die Marketinginstrumente der Privatbankiers, d.h. Sortiments-, Preis-, Vertriebs-, und Kommunikationspolitik untersucht, wobei der Schwerpunkt auf dem Kerngeschäftsfeld - Private Banking - liegt.

Die Besonderheiten der Privatbankier - geringe Betriebsgröße und Unabhängigkeit - sowie Veränderungen am Bankenmarkt stellen die privaten Bankhäuser vor besondere Herausforderungen. Im letzten Abschnitt werden sowohl die Herausforderungen als auch die sich daraus ergebenden Chancen und Zukunftsperspektiven beleuchtet.

1. Grundlegung

1.1. Definition Privatbankiers

Mit dem Begriff Privatbankier sind umgangssprachlich sowohl die Person des Inhabers eines Bankhauses als auch die Institution selbst gemeint. Für die bessere Verständlichkeit wird in der folgenden Studie die Person des Privatbankiers als Bankier und die Institution als Privatbankier bezeichnet. Weitere synonym verwendete Begriffe sind Bankhaus und Privatbank.

1.1.1. Rechtsformorientierte Begriffsbestimmung

Die deutsche Bundesbank fasste die Privatbankiers bis 1998 in ihren Statistiken als eigene Gruppe zusammen.[9] Bis zum Jahr 1998 galten solche Bankinstitute als Privatbankiers, „… die als Einzelfirma, offene Handelsgesellschaft oder Kommanditgesellschaft betrieben werden, bei denen also mindestens ein Inhaber unbeschränkt haftet, die kapitalmäßige Kontrolle ausübt und das Institut aktiv leitet."[10]

Eine solche gesetzliche Definition ist heute nur noch im Bundesgesetz über die Banken und Sparkassen der Schweiz im Artikel 1 zu finden, wonach Privatbankiers entweder Einzelunternehmen, Kollektiv- oder Kommanditgesellschaften sind.[11]

Die Bundesbank löste mit Einführung der EWU-Statistik zum ersten Januar 1999 die statistische Gruppe der Privatbankiers auf und fasste sie unter der Gruppe Regionalbanken und sonstige Kreditbanken (siehe Anhang 1) zusammen.[12]

---

[9] Vgl. Kaserer, Christoph/Berner, Marlise: Die Entwicklung der Privatbankiers in Deutschland seit dem zweiten Weltkrieg im Lichte geschäftspolitischer und aufsichtsrechtlicher Tendenzen, in: Der Wissenschaftliche Beirat des Instituts für bankhistorische Forschung e. V (Hrsg.).: Bankhistorisches Archiv. Zeitschrift zur Bankgeschichte. Der Privatbankier. Nischenstrategien in Geschichte und Gegenwart, Beiheft 41, Stuttgart 2003, S. 68; Deutsche Bundesbank Zentralbereich Banken und Finanzaufsicht (Hrsg.): Verzeichnis der Kreditinstitute und ihrer Verbände sowie der Treuhänder für Kreditinstitute in der Bundesrepublik Deutschland. Bankgeschäftliche Informationen 2 2011, Frankfurt am Main 2010, S. 1.
[10] Deutsche Bundesbank (Hrsg.): Die Stellung der Privatbankiers im deutschen Kreditgewerbe, in: Monatsbericht November1961, Frankfurt am Main 1961, S. 11.
[11] Vgl. Bundesgesetz über die Banken und Sparkassen (Bankengesetz, BankG) vom 8. November 1934, Stand am 1. Januar 2011, Art 1, S. 1.

Diese sehr heterogene Statistikgruppe umfasst mit insgesamt 163 Banken[13] alle privaten Kreditinstitute, die keine Großbanken und keine Zweigstellen ausländischer Banken nach § 53 KWG sind.[14]

Es handelt sich dabei neben den Regionalbanken sowohl um die Lokal-, Haus-, Konzern- und Branchenbanken als auch um die Privatbankiers.[15]

Es gibt somit von Seiten der Bundesbank keine Legaldefinition für Privatbankiers. Dies lässt darauf schließen, dass die Privatbankiers innerhalb des Deutschen Bankensystems statistisch gesehen von geringer Bedeutung sind.

Sowohl der Bundesverband deutscher Banken als auch der Prüfungsverband deutscher Banken e.V. definieren die Privatbankiers identisch in ihren Satzungen als „...Kreditinstitute, die in der Rechtsform der offenen Handelsgesellschaft oder der Kommanditgesellschaft geführt werden; Kommanditgesellschaften auf Aktien gelten als Privatbankiers, sofern a) die persönlich haftenden Gesellschafter natürliche Personen sind, b) die Aktien der Gesellschaft nicht an einer Börse gehandelt werden und c) die Übertragung der Aktien an die Zustimmung der persönlich haftenden Gesellschafter gebunden ist."[16]

Diese juristisch orientierte Definition lässt auf den ersten Blick darauf schließen, dass die Zugehörigkeit zu den Privatbankiers allein auf die Rechtformen der OHG, der KG und der KGaA mit jeweils einer natürlichen Person als Komplementär beschränkt ist. Damit ist der Bankier als geschäftsführender und haftender Gesellschafter das ausschlaggebende Kriterium.

Bei Betrachtung der Mitglieder der Gruppe der Privatbankiers (siehe Anhang 2) wird deutlich, dass auch Spezialfälle der KG[17], die keine natürlichen Personen als haftende Gesellschafter haben, vom Bundesverband deutscher Banken dieser Institutsgruppe zugeordnet werden.

---

[12] Vgl. Ebhardt, Nicolàs: Privatbankiers im Elektronischen Markt. Herausforderungen und Strategien, in: Roland Berger Strategy Consultants – Academic Network (Hrsg.): Schriften zum Europäischen Management, Diss. Eichstätt 2003, S. 20.
[13] Beispiele für diese Banken sind: Goldman, Sachs & Co. oHG, LGT Bank Deutschland & Co. OHG, S Broker AG & Co. KG, Commerz Finanz GmbH, Deutsche Bank Europe, Siemens Bank GmbH, BMW Bank GmbH, Deutsche Bank Privat- und Geschäftskunden Aktiengesellschaft.
[14] Vgl. Deutsche Bundesbank Zentralbereich Banken und Finanzaufsicht: a.a.O., S. 63 ff.
[15] Vgl. Büschgen, Hans Egon/Börner, Christoph, J.: Bankbetriebslehre, in: Bea, Franz Xaver/Dichtl, Erwin/Schweitzer, Marcell (Hrsg.): Grundwissen der Ökonomik. Betriebswirtschaftslehre, 4. Auflage, Stuttgart 2003, S. 65.
[16] Prüfverband deutscher Banken e. V: Satzung, Köln 2009, § 19 Stimmrecht, Beschlussfähigkeit und Mehrheitsverhältnisse, S. 19; Bundesverband deutscher Banken: Satzung, Berlin 2008, § 5 b Bankengruppen, S. 5 f.
[17] Beispielhaft sind die Bankhäuser Bankhaus Carl F. Plump & Co. GmbH & Co. KG, Bankhaus Wölbern & Co. (AG & Co. KG) und Sal. Oppenheim jr. & Cie. AG & Co. Kommanditgesellschaft auf Aktien zu nennen.

Der Grund dafür ist, dass im Laufe der Geschichte eines Privatbankiers häufig ein Rechtsformwechsel stattgefunden hat. Wenn das Geschäftsmodell und der Marktauftritt danach noch einer klassischen Privatbank entsprechen, verbleiben die Institute in der Gruppe der Privatbankiers.[18]

Die starre rechtsformorientierte Definition berücksichtigt nicht die Eigentumsverhältnisse eines Instituts. Das führt unter Umständen dazu, dass auch solche Institute zu den Privatbankiers gezählt werden, die aufgrund ihrer Eigentumsverhältnisse als Konzerntöchter von Privatbanken konsolidiert werden. Der persönlich haftende Gesellschafter steht praktisch in einem Angestelltenverhältnis zu den Eigentümern und das Institut ist ein Tochterunternehmen einer Großbank und nicht mehr ein klassischer Privatbankier.[19]

Die Großbanken nutzen die Privatbankiers zunehmend durch Beteiligungen und Übernahmen als Vehikel, um zusätzliches Marktpotenzial im Segment der vermögenden Privatkunden zu erschließen[20] und den traditionsreichen Familiennamen des Bankhauses als Aushängeschild zu benutzen.[21]

Da es von Vorteil ist, als Privatbankier zu gelten, wird auf Seiten dieser Institute, die historisch ein wesentlicher Träger der Einlagensicherung und damit des Bundesverbandes deutscher Banken gewesen sind, nicht auf eine zeitnahe Anpassung der Zuordnung gedrängt.[22]

Hier kann beispielhaft die Fürst Fugger Privatbank KG genannt werden. Die Mehrheitseignerin ist seit 1998[23] die Nürnberger Versicherungsgruppe mit einer Beteiligung von 99 %[24].

Dieses Problem zeigt, dass die rein rechtsformorientierte Betrachtung des Privatbankiers für eine Definition unzureichend ist. Für die Definition sollte vielmehr dessen Unternehmereigenschaft als konstituierendes Merkmal herangezogen werden:[25]

---

[18] Laut Email von Hans Wollschläger, Wirtschaftsprüfer, Erlaubnis-, Aufnahme- und Inhaberkontrollverfahren Prüfungsverband deutscher Banken e. V. vom 19.08.2011.
[19] Vgl. Ebhardt, Nicolàs: a.a.O., S. 24.
[20] Vgl. Partin, Karl-Michael: a.a.O., S. 17.
[21] Vgl. Ulrich, Keith: a.a.O., S. 8.
[22] Laut Email von Hans Wollschläger, Wirtschaftsprüfer, Erlaubnis-, Aufnahme- und Inhaberkontrollverfahren Prüfungsverband deutscher Banken e. V. vom 19.08.2011.
[23] Vgl. Internet-Recherche vom 23.06.2011, https://www.fuggerbank-infoportal.de/about/history.php, Geschichte Fürst Fugger Privatbank KG.
[24] Vgl. NN: Deutschland. Anbieter im Überblick, in: Vielhaber, Ralf (Hrsg.): Handbuch Wealth Management. Das Kompendium für den deutschsprachigen Raum, Wiesbaden 2008, S. 80.
[25] Vgl. Meeder, Christian: Die Bedeutung des deutschen Privatbankiers und seine Zukunftsaussichten, in: Europäische Hochschulschriften (Hrsg.): Reihe 5, Volks- und Betriebswirtschaft, Band 962, Diss. Bern, Frankfurt am Main, New York, Paris 1989, S. 12.

„Unternehmensleitung und Eigentum sollten sich überwiegend oder wenigstens teilweise decken: der Privatbankier als Familienunternehmer, die Privatbankhäuser als der Mittelstand des deutschen Kreditgewerbes."[26]

1.1.2. Ökonomische Begriffsbestimmung

Privatbankiers der Rechtformen der OHG, der KG bzw. der KGaA mit jeweils einer natürlichen Person als Komplementär zeichnen sich dadurch aus, dass die Geschäfte der Bank immer von unbeschränkt persönlich haftenden Gesellschaftern bzw. von einem engen Kreis von Miteigentümern oder der Familie geführt werden.[27]

Der Bankier, als Geschäftsführer haftet damit über seine Einlagen als Miteigentümer hinaus für seine Geschäftstätigkeit. Ein Problem besteht aber darin, dass das Privatvermögen eines oder mehrerer persönlich haftender Gesellschafter in der Realität in keinem Verhältnis zu den Verbindlichkeiten einer Bank steht.[28]

Damit hat das Kriterium der unbeschränkten persönlichen Haftung in der Praxis kaum ökonomische Relevanz[29] und ist „… eher ein verstecktes Marketingelement als ein notwendiges Kriterium."[30]

Zusätzlich verhindert der in der Praxis übliche Abschluss einer Organ- bzw. Manager-Haftpflichtversicherung das Wirksamwerden der persönlichen Haftung. Die Haftung wir auf eine reine Formalität reduziert.[31]

Die persönliche Haftung kommt zwar in der Realität nicht zum Tragen, ist aber ein geeignetes Instrument, um die Vertrauensbildung des Kunden zu fördern. Bei Fehlentscheidungen seitens der Geschäftsleitung trägt der Bankier ein hohes Risiko: Er haftet mit seinem Privatvermögen, zumindest mit seinen Gesellschaftereinlagen, und nicht die Aktionäre der Bank, wie bei Großbanken üblich.[32]

Aufgrund dieser Haftungsgründe hat die Unternehmenspolitik grundsätzlich einen risikoaversen Charakter.[33] Das schafft Vertrauen beim Kunden und gibt ihm die Sicherheit, dass sich seine Interessen und die des Bankiers decken.

---

[26] Schmidt, Karl Gerhard: Privatbankiers – gestern, heute und morgen, in: Eichhorn, Franz-Josef: Die Renaissance der Privatbankiers, Wiesbaden 1996, S. 40.
[27] Vgl. Kaserer, Christoph/Berner, Marlise: a.a.O., S. 68.
[28] Vgl. Partin, Karl-Michael: a.a.O., S. 37.
[29] Vgl. Ebhardt, Nicolàs: a.a.O., S. 22.
[30] Meeder, Christian: a.a.O., S. 13.
[31] Laut persönlichem Telefongespräch mit Herrn Dr. Marcus Lingel, Vorsitzender der Geschäftsleitung Merkur Bank KGaA vom 18.08.2011.
[32] Vgl. Ebhardt, Nicolàs: a.a.O., S. 69 f.
[33] Vgl. Vielhaber, Ralf: Anbieter im Private Wealth Management. Eine kleine Typenlehre für Kunden, in: Vielhaber, Ralf (Hrsg.): Handbuch Wealth Management. Das Kompendium für den deutschsprachigen Raum, Wiesbaden 2008, S. 29.

Viele Autoren halten weder die Haftungsmodalitäten noch die Rechtsform für konstituierende Merkmale eines Privatbankiers. Auschlaggebendes Kriterium sind die Unabhängigkeit und Dispositionsfreiheit der Geschäftsführung und analog dazu die Eigentumsverhältnisse.[34]

Folgt man diesem Ansatz, dann zählen auch Institute, die in der Rechtform einer Kapitalgesellschaft geführt werden als Privatbankier, wenn die Geschäftsführung Mehrheitsgesellschafter bzw. Mehrheitsaktionär ist.

Die Handlungsfreiheit der Geschäftsführung wird in erster Linie von den Eigentumsverhältnissen im Unternehmen bestimmt. Für den Status des Privatbankiers ist es maßgeblich, dass sich die Mehrheit des Eigenkapitals in den Händen der Unternehmensführung befindet und diese dadurch unabhängig und selbstständig von Dritten Entscheidungen treffen kann.[35]

Damit einhergehend bewirkt die kapitalmäßige Unabhängigkeit von anderen Finanzunternehmen das Ausbleiben von Interessenkonflikten zugunsten einer objektiven Beratung und Betreuung.[36]

Die kapitalmäßige Unabhängigkeit als Definitionsansatz kommt dem Wesen des Privatbankiers am nächsten. Sie zielt auf die Unternehmerschaft ab[37] und „... stellt den Privatbankier als Unternehmer-Unternehmung dar"[38].

1.1.3. Arbeitsdefinition

Es kommt immer wieder zu Ausdruck, dass die Privatbankiers als Eigentümer-Unternehmen zu verstehen sind. Privatbankiers sind Banken, in denen die Geschäftsführer und Eigentümer weitestgehend identisch sind, wobei die Rechtform und die persönliche Haftung eine untergeordnete Rolle spielen.

Die Vereinigung von Eigentum und Unternehmensführung prägen das typische Bild der Privatbankiers: Selbstständigkeit und Unabhängigkeit der Geschäftsführung.[39]

---

[34] Vgl. Meeder, Christian: a.a.O., S. 13; Eichhorn, Franz-Josef: Relevante Wettbewerbsfaktoren für Privatbankiers – eine Analyse und Prognose, in: Eichhorn, Franz-Josef: Die Renaissance der Privatbankiers, Wiesbaden 1996, S. 14; Nolte, Wolfram: Vom Kreditinstitut zur Investment Bank, in: in: Eichhorn, Franz-Josef: Die Renaissance der Privatbankiers, Wiesbaden 1996, S. 67.
[35] Vgl. Lingel, Marcus: Zukünftige Wettbewerbsstrategien deutscher Privatbankiers, in: Europäische Hochschulschriften (Hrsg.): Reihe 5, Volks- und Betriebswirtschaft, Band 2978, Diss. Berlin, Bern, Brüssel, Frankfurt am Main, New York, Oxford, Wien 2003, S. 6.
[36] Vgl. Ebhardt, Nicolàs: a.a.O., S. 63.
[37] Vgl. Ebhardt, Nicolàs: a.a.O., S. 22; Lingel, Marcus: a.a.O., S. 9; Meeder, Christian: a.a.O., S. 14; Partin, Karl-Michael: a.a.O., S. 19; Schmidt, Karl Gerhard: a.a.O., S. 40.
[38] Meyer, Kersten Martin: Die wachsende Bedeutung der Privatbankiers im 21. Jahrhundert, Berlin 2006, S. 4.

In dieser Untersuchung werden alle Banken mit Sitz in Deutschland, auf die die genannten Merkmale der Arbeitsdefinition zutreffen, in die Untersuchung einbezogen. Bei einer Beteiligung der Geschäftsführung von mehr als 51 % am Eigenkapital wird vereinfacht von der Unabhängigkeit des Privatbankiers ausgegangen. Diese Vereinfachung ist notwendig, da die durch die Satzung der Banken definierten Stimmverhältnisse für Dritte nicht einzusehen sind und die Untersuchung auf statistisches Datenmaterial angewiesen ist.

Von den 46 Instituten, die als Privatbankiers wahrgenommen werden, sind 18 Banken abhängige Tochterunternehmen mit institutionellen Eigentümern (siehe Anhang 3). Nur 28 Institute (siehe Anhang 4) sind tatsächlich unabhängig von Großbanken. Fünf dieser 28 Privatbankiers sind Tochterunternehmen des Bankhauses M.M. Warburg & CO KGaA. Obwohl diese fünf Institute abhängig sind, kann man sie aufgrund der Eigentumsverhältnisse des Mutterunternehmens M.M. Warburg als unabhängig im weiteren Sinne betrachten.

1.2. Historische Entwicklung

Bereits im Mittelalter beschäftigten sich Handelshäuser und Speditionen neben dem Handel mit Waren auch mit deren Finanzierung, d.h. mit dem Wechsel- und Diskontgeschäft und es entstanden die ersten Privatbankiers[40]. Im Zuge zunehmender Arbeitsteilung und dem Wandel Zahlungsgewohnheiten vom Bar- zum Wechselgeschäft im 18. Jahrhundert konzentrierten sie sich zunehmend auf die Finanzgeschäfte und gaben den Warenhandel und das damit verbundene Speditionsgeschäft auf.[41]

Eine weitere Gruppe Privatbankiers entstand aus jüdischen Kaufleuten mit Handelsbeziehungen zu deutschen Fürstenhäusern. Diese sogenannten Hof-Juden[42] unterlagen nicht dem kanonischen Zinsverbot und begannen ihr Banktätigkeit als Hoffaktoren.[43]

Ende des 18. Jahrhunderts kam neben der Unternehmens- die Staatsfinanzierung dazu. Die Banken refinanzierten sich durch die Emission von Staatsanleihen und kamen in dieser Zeit zu großem Reichtum.[44]

---

[39] Vgl. Schäpper, Gerhard R.: Der Schweizerische Privatbankier und seine Herausforderungen in der Zukunft, Genf 1997, S. 14.
[40] „Der Begriff ‚Bankier' findet seinen Ursprung bei den Goldschmieden, die Münzen und Metalle abwogen und deren Echtheit überprüften. Diese stellten ihre großen Tische im Freien auf und wurden deshalb ‚bancerii' genannt." Partin, Karl-Michael: a.a.O., S. 51.
[41] Vgl. Lingel, Marcus: a.a.O., S. 10.
[42] Die bekanntesten Privatbankiers dieser Gruppe sind die Bankhäuser Oppenheim, Fugger, Joh. Behrenberg und Rothschild.
[43] Vgl. Ulrich, Keith: a.a.O., S. 10.
[44] Vgl. Lingel, Marcus: a.a.O., S. 11.

Mitte des 19. Jahrhunderts entwickelte sich im Zuge der Industrialisierung ein Finanzierungsbedarf, den die meisten Privatbankiers aufgrund des Umfangs und des Risikos nicht befriedigen konnte. Durch den steigenden Wohlstand wuchs die Zahl der kleinen Sparer rasch an. Dieser veränderten Situation war das Geschäftsmodell der kleinen Privatbank nicht gewachsen. Es wurden große, kapitalstarke Banken benötigt.[45]

Es waren schließlich die Privatbankiers, die die Gründung von Aktienbanken vorantrieben, um Großprojekte des Eisenbahnbaus und der Montanindustrie mit den nötigen Finanzmitteln zu versorgen. Sie hatten angenommen, durch Beteiligungen an den neu entstandenen Aktienbanken diese langfristig zu beeinflussen zu können. Jedoch entwickelten die Aktienbanken eine Eigendynamik und weiteten ihre Geschäftstätigkeit aus. Dies ist auch die Ursache für einen beständigen Rückgang der Privatbankiers bis heute.[46]

Zu Beginn des 20. Jahrhunderts kamen zu den Aktienbanken die regionalen Sparkassen und Genossenschaftsbanken als Selbsthilfegemeinschaft bestimmter Berufsgruppen, die nicht von den Privatbankiers betreut wurden, als Bedrohung hinzu.[47]

Während der Bankenkrise des Jahres 1931 wurde die Gruppe der Privatbankiers durch die Reichsbank restriktiv mit überdrückenden Diskont- und Lombardkrediten versorgt, während die Großbanken Unterstützung durch Kredite und Garantien erhielten. Ab 1933, dem Beginn der Herrschaft der Nationalsozialisten, kam die Diskriminierung der Privatbankiers, die überwiegend jüdische Inhaber hatten, hinzu. Viele Bankiers wurden enteignet, ermordet oder verkauften ihr Bankhaus und flohen aus Deutschland.[48]

Diese Arisierungsmaßnahmen beendeten die Geschichte des jüdischen Bankwesens in Deutschland. Durch die Spaltung des deutschen Reiches 1945 und die Währungsreform 1948 kam es zu weiteren Liquidationen von Privatbankiers.[49]

Die Zahl der privaten Bankhäuser sank in den Jahren 1931 bis 1945 von 800 auf etwa 300.[50]

---

[45] Vgl. Internet-Recherche vom 24.08.2011, http://www.faz.net/aktuell/wirtschaft/wirtschaftswissen/wie-wir-reich-wurden/serie-wie-wir-reich-wurden-gut-dass-wir-die-banken-haben-1581948.html, Entstehung der Aktienbanken.
[46] Vgl. Partin, Karl-Michael: a.a.O., S. 37.
[47] Vgl. Ulrich, Keith: a.a.O., S. 25 f.
[48] Vgl. Ziegler, Dieter: Geschäftliche Spezialisierung deutscher Privatbankiers in der Zwischenkriegszeit. Ein vergeblicher Überlebenskampf?, in: Der Wissenschaftliche Beirat des Instituts für bankhistorische Forschung e.V (Hrsg.).: Bankhistorisches Archiv. Zeitschrift zur Bankgeschichte. Der Privatbankier. Nischenstrategien in Geschichte und Gegenwart, Beiheft 41, Stuttgart 2003, S. 35 ff.
[49] Vgl. Meeder, Christian: a.a.O., S. 6.
[50] Vgl. Ziegler, Dieter: a.a.O., S. 28.

Bis heute setzt sich der Trend zum Rückgang der Privatbankiers fort. Gründe dafür sind Insolvenzen, die vor allem auf Missmanagement der Kreditüberwachung zurückzuführen sind, fehlende Nachfolge in der Geschäftsführung und Fusionen bzw. Unternehmenszusammenschlüsse mit Großbanken.[51]

Vor allem deutsche Großbanken und große Regionalbanken versuchen durch Übernahmen und Beteiligungen vermögende Privatkunden zu generieren und ihre Kompetenzen in diesem profitablen Segment auszubauen.[52] So hat beispielsweise die Mittelbrandenburgische Sparkasse 2009 die Weberbank übernommen.[53]

Die Zahl der Privatbankiers hat sich bis heute auf 28 bzw. 23 Institute (siehe Anhang 4) reduziert.

1.3. Besonderheiten und Erfolgsfaktoren

1.3.1. Tradition

Die Tatsache, dass Privatbankiers heute immer noch existieren und nicht vollständig von Großbanken verdrängt wurden, kann mit deren Erfolgsfaktoren erklärt werden. Neben der bereits genannten Unabhängigkeit unterscheiden sich die Privatbankiers durch weitere charakteristische Merkmale von den Großbanken.

Ein Merkmal, auf das alle Privatbankiers auf ihren Internetauftritten aufmerksam machen, ist die lange Tradition ihres Bankhauses. Das Bankhaus Metzler wirbt mit der Aussagen: „Seit mehr als 330 Jahren betreiben wir unser Geschäft - unabhängig und kundenorientiert, leistungsbewusst und fachkundig, gestützt vom Vertrauen unserer Kunden."[54] Das Bankhaus Berenberg legt Wert darauf, als „Deutschlands älteste Privatbank"[55] zu gelten.

Dem Kunden wird Kontinuität bei der Betreuung, Stabilität und Erfahrung des Bankhauses signalisiert. Das lange Bestehen der Bank wurde durch solide und zufriedenstellende Geschäftsführung ermöglicht.[56]

---

[51] Vgl. Lingel, Marcus: a.a.O., S. 13 ff.
[52] Vgl. Lingel, Marcus: a.a.O., S. 7.
[53] Vgl. Internet- Recherche vom 27.06.2011, https://www.mbs-potsdam.de/module/ueber_uns/pressecenter/archivupload/20090630c.pdf?IFLBSERVERID=IF@@063@@IF, Mittelbrandenburgische Sparkasse übernimmt Weberbank.
[54] Internet-Recherche vom 27.06.2011, http://www.metzler.com/metzler/generator/metzler/de/Wir__ueber__uns/Wir_20_C3_BCber_20uns_20_28Content_29.html, Porträt Bankhaus Metzler.
[55] Internet-Recherche vom 27.06.2011, http://www.berenberg.de/privatbank.html, Porträt Bankhaus Berenberg.
[56] Vgl. Ebhardt, Nicolàs: a.a.O., S. 68.

Damit profilieren sich die Privatbankiers gegenüber den Großbanken und fördern die Vertrauensbildung des Kunden als Grundlage jeder Geschäftsbeziehung ist.[57]

1.3.2. Vertraulichkeit und Diskretion

Das Image der Privatbankiers ist geprägt von einem zurückhaltenden Auftreten in der Öffentlichkeit und einer Verschwiegenheit, die über das Bankgeheimnis hinauszugehen scheint.[58]

Der Umgang mit vermögenden Kunden ist sehr vertrauensintensiv. Besonders jene typischen vermögenden Kunden, deren Privat- und Unternehmensvermögen eng miteinander verknüpft sind, erwarten ein hohes Maß an Diskretion und Vertraulichkeit.[59]

Das Vertrauen der Kunden ist der wichtigste Erfolgsfaktor. Das Gefühl, richtig beraten zu werden stellt andere Faktoren wie globale Präsenz in den Hintergrund.[60]

1.3.3. Persönliche Kundenbetreuung

Eine überschaubare Betriebsgröße, flache Hierarchien und die langjährige Erfahrung in der Individualbetreuung ermöglichen es, schnell und flexibel und individuell auf Kundenwünsche zu reagieren.[61]

Im Gegensatz zu Großbanken, in denen die Berater oft wechseln, hat ein Kunde einer Privatbank in der Regel einen persönlichen Ansprechpartner über einen langen Zeitraum hinweg. Dadurch wird eine tiefe Vertrauensbasis zum Berater aufgebaut.[62]

Die Größe prädestiniert die Privatbankiers

Durch diese individuelle Beratung und dem langjährigen persönlichen Kontakt zur Kundschaft können Wettbewerbsnachteile gegenüber konkurrierenden Instituten kompensiert werden.[63]

2. Typologische Betrachtung der Privatbankiers

Im Allgemeinen werden die folgenden fünf Merkmale zur Klassifizierung von Banken herangezogen (siehe Anhang 5): Kundenkreis, Geschäftsgebiet, Geschäftskreis, Trägerschaft und Bankengröße.[64]

---

[57] Vgl. Meeder, Christian: a.a.O., S. 38.
[58] Vgl. Meyer, Kersten Martin: a.a.O., S. 5.
[59] Vgl. Ebhardt, Nicolàs: a.a.O., S. 70 f.
[60] Vgl. Rahn, Christian: Wie viel Industrialisierung braucht das Private Banking?, in: Neue Züricher Zeitung vom 28.01.2011, Nr. 23, S. 31.
[61] Vgl. Ruffner, Markus: Boutique-Banken mit intakten Chancen, in: Neue Züricher Zeitung, Sonderbeilage Vermögensverwaltung vom 16.06.2010, S. 17.
[62] Vgl. Meyer, Kersten Martin: a.a.O., S. 7.
[63] Vgl. Büschgen, Hans Egon/Börner, Christoph J.: Bankbetriebslehre, 4. Auflage, Stuttgart 2003, S. 67.
[64] Vgl. Hahn, Oswald: Struktur der Bankwirtschaft, Band 1, 2. Auflage, Berlin/Regensburg/Münster 1989, S. 266.

2.1. Kundenkreis

Bei Privatbankiers handelt es sich auf den ersten Blick um den Sondertyp der Zielgruppenbank, der so genannten „Personal-Banking-Group".[65]

Der Kundenkreis der Privatbankiers ist jedoch stark heterogen und hat ein breites Spektrum: Der eine Teil der Bankiers konzentriert sich ausschließlich auf das traditionelle Geschäft mit vermögenden Privatkunden. Der andere Teil legt seinen Fokus auf das Geschäft mit Retail Kunden.[66]

Zusätzlich betreuen einige Bankhäuser neben den Privatkunden auch institutionelle Anleger und Firmenkunden.

Die einzige Ausnahme bildet das Bankhaus Rautenschlein als Sondertyp der Branchenbank für Landwirtschaft,[67] welches sich ausschließlich auf die Agrarfinanzierung in der Region spezialisiert hat.[68]

2.2. Geschäftsgebiet

Privatbankiers lassen sich dem Normaltyp, d.h. einer auf Inlandskunden ausgerichteten Bank, zuordnen. Diese im Inland operierenden Banken werden in überregionale (nationale) Banken, regionale und lokale Banken differenzieren.[69]

Lokalbanken beschränken sich in ihrem Niederlassungsbereich auf einen einzigen Ort, etwa eine Stadt und deren Umgebung. Regionalbanken sind in bestimmten abgegrenzten Regionen, z.B. ein Landkreis oder ein Bundesland, tätig.[70]

Bei den Privatbankiers handelt es sich sowohl um Lokal- als auch um Regionalbanken.[71]

Lokal operierende Privatbankiers verfügen in ihrem Umkreis über ein bis vier Niederlassungen und weisen eine Bilanzsumme von weit unter einer Milliarde Euro auf.

Alle in Deutschland tätigen Bankhäuser mit einer Bilanzsumme über einer Milliarde Euro sind regional tätig und verfügen über ein Filialnetz von bis zu 28 Niederlassun-

---

[65] Vgl. Hahn, Oswald: a.a.O., S. 35 f., 266; Börner, Christoph: Strategisches Bankmanagement: ressourcen- und marktorientierte Strategien von Universalbanken, München/Oldenbourg/Wien 2000, S. 396.
[66] Vgl. Zenz-Spitzweg, Patrick: Die Wahl des Anbieters im Private Banking. Eine Analyse der Wirkung der Determinanten von Premiummarken im Hinblick auf den Kaufentscheid im deutsche Private Banking, in: Zerres, Michael: Hamburger Schriften zur Marketingforschung, Band 50, München, Mering 2007, S. 41.
[67] Vgl. Hahn, Oswald: a.a.O., S. 29 f., 266.
[68] Vgl. Internet-Recherche vom 18.07.2011, http://www.rautenschleinbank.de/index.php?id=8, Landwirtschaftsbank.
[69] Vgl. Hahn, Oswald: a.a.O., S. 39 f., S. 266.
[70] Vgl. Becker, Paul Hans/Peppmeier, Arno: Bankbetriebslehre, 8. Auflage, Herne 2011, S. 85.
[71] Vgl. Becker, Paul Hans/Peppmeier, Arno: a.a.O., S. 85.

gen. Teilweise sind diese Bankhäuser zusätzlich außerhalb ihrer Region in den deutschen Großstädten[72] und mit einer Niederlassung präsent (siehe Anhang 6).

2.3. Geschäftskreis

Bei den Bankhäusern handelt es sich bezüglich des Sortiments analog zum Kundenkreis um eine stark heterogene Gruppe. Im Privatkundengeschäft werden sowohl die Standardprodukte des Retail Bankings als auch Produkte des Private Bankings angeboten.

Die größeren Bankhäuser bieten zusätzlich das Wealth Management als gesteigerte Form des Private Bankings an und engagieren sich im Firmenkundengeschäft in Form von unabhängiger Beratung von Unternehmen, von Private-Equity-Häusern sowie der Beratung der öffentlichen Hand beim Kauf und Verkauf von Unternehmensanteilen, bei Kapitalmarkttransaktionen und Finanzierungsthemen.[73]

Die Privatbankiers gehören alle dem Normaltyp - deutsche Universalbankiers - an.[74] Neben dieser universellen Ausrichtung ihres Sortiments haben sich die Bankhäuser auf bestimmte Geschäftsschwerpunkte spezialisiert,[75] wobei Leistungen des Private Bankings im Mittelpunkt der Geschäftstätigkeit stehen.[76]

Deshalb können sie auch als auf das Private Banking fokussierte Universalbanken bezeichnet werden.[77]

2.4. Trägerschaft

Das erste Unterscheidungskriterium bei der Trägerschaft ist die Nationalität des Trägers. Die deutschen Privatbankiers sind als einheimische Banken eindeutig dem Normaltyp zuzuordnen.[78]

Beim zweiten Kriterium der Trägerschaft werden drei verschiedene Banktypen unterschieden: Öffentliche Bank, Genossenschaftsbank und Privatbank.[79] Privatbankiers treten sowohl in der Rechtsform der Personengesellschaft als auch der Kapitalgesell-

---

[72] Dabei handelt es sich um Hamburg, Berlin, Düsseldorf/Köln, Frankfurt am Main, Stuttgart und München.
[73] Vgl. Internet-Recherche vom 20.08.2011, http://www.metzler.com/metzler/generator/metzler/de/Institutionelle_20Kunden/Institutionelle_20Kunden_20_28Content_29.html, Corporate Finance bei Metzler.
[74] Vgl. Hahn, Oswald: a.a.O., S. 78, 266.
[75] Vgl. Büschgen, Hans Egon/Börner, Christoph J.: a.a.O., S. 67; Lingel, Marcus: a.a.O., S. 8.
[76] Vgl. Partin, Karl-Michael: a.a.O., S. 8.
[77] Vgl. Swoboda, Uwe C.: Retail-Banking und Private Banking. Zukunftsorientierte Strategien im Privatkundengeschäft, 3. Auflage, Frankfurt am Main 2004, S. 394.
[78] Vgl. Hahn, Oswald: a.a.O., S. 112, 266.
[79] Vgl. Hahn, Oswald: a.a.O., S. 112, 137.

schaft auf. Am häufigsten sind die Rechtsformen der AG und der KG zu finden (siehe Anhang 7).

Aufgrund der privaten Trägerschaft und der erwerbswirtschaftlichen Zielsetzung[80] können Privatbankiers den Bankiers als Normaltyp zugeordnet werden.[81]

2.5. Bankengröße

Als Maßstab für die Größe einer Bank gilt das finanzwirtschaftliche Potential d.h. die Bilanzsumme als verlässlichstes Kriterium.[82]

Die Größe der deutschen Privatbankiers variiert sehr stark (siehe Anhang 8). Etwa die Hälfte der Privatbankiers zählt mit einer Bilanzsumme bis 250 Millionen Euro zu den Kleinst- und Kleinbetrieben[83]. Die andere Hälfte der Institute weist Bilanzsummen von über 500 Millionen Euro auf. Diese Privatbankiers werden deshalb zu den Großbetrieben gezählt.[84]

Die gesamte Bilanzsumme der Privatbankiers beträgt ca. 28 Milliarden Euro. Bei einer Bilanzsumme des gesamten Bankenmarktes in Deutschland von etwa 7500 Milliarden Euro[85] beträgt der Marktanteil der Privatbankiers 0,38 Prozent.

Die durchschnittliche Bilanzsumme eines Privatbankiers mit einem Volumen von 1,2 Milliarden Euro (siehe Anhang 9) entspricht etwa der Hälfte der durchschnittlichen Bilanzsumme einer deutschen Sparkasse[86] mit ca. 2,5 Milliarden Euro.

So hat die Hamburger Sparkasse als größte Bank im deutsche Sparkassenverbund mit 38 Milliarden Euro[87] eine größere Bilanzsumme als alle Privatbankiers zusammen.

An diesen Zahlenvergleichen wird die geringe Bedeutung der Privatbankiers für den deutschen Bankenmarkt deutlich.

2.6. Typen von Privatbankiers

Die starke Heterogenität der Privatbankiers macht eine Differenzierung innerhalb dieser Bankengruppe notwendig. Es hat sich eine Aufteilung der Privatbankiers in zwei

---

[80] Vgl. Becker, Paul Hans/Peppmeier, Arno: a.a.O., S. 84.
[81] Vgl. Hahn, Oswald: a.a.O., S. 137, 266.
[82] Vgl. Hahn, Oswald: a.a.O., S. 229 ff.
[83] Vgl. Hahn, Oswald: a.a.O., S. 231.
[84] Vgl. Hahn, Oswald: a.a.O., S. 234.
[85] Vgl. Deutsche Bundesbank: Bankenstatistik Januar 2011. Statistisches Beiheft zum Monatsbericht 1, Frankfurt am Main 2011, S. 6.
[86] Vgl. Internet-Recherche vom 29.06.2011, http://www.sparkasse.de/_download_gallery/files/Sparkassen-Finanzgruppe_in_Zahlen_2010.pdf, Übersicht Sparkasse-Finanzgruppe.
[87] Vgl. Internet-Recherche vom 29.06.2011, http://www.haspa.de/contentblob/Haspa/DieHaspa/DasUnternehmen/Geschaeftsbericht/PDF_Geschaeftsbericht2010deutsch.pdf, Geschäftsbericht HASPA.

Gruppen als sinnvoll erwiesen: Privatbankiers des Mengengeschäfts und Privatbankiers des Großgeschäfts (siehe Anhang 10).[88]

Die Privatbankiers des Mengengeschäfts richten mit ihrem breiten Sortiment den Fokus auf Retail- bzw. Mengenkunden.[89] Ihr Leistungsangebot ist vergleichbar mit dem breiten und flachen Sortiment einer Genossenschaftsbank, was beide zu Konkurrenten macht. So bezeichnet sich die Gabler-Saliter Bankgeschäft KG selbst als „Bank für Jedermann"[90], in der jeder Privatkunde ein Girokonto eröffnen kann, und bieten vor allem die im Retail Banking etablierten Standardleistungen an.[91]

Die Privatbankiers des Mengengeschäfts werden aufgrund ihrer geringen Bilanzsumme und der großen Zahl Retail Kunden aus der Region teilweise auch als »gehobene Sparkasse in der Provinz«[92] belächelt.[93]

Insgesamt existieren neun Institute dieser Gruppe, wobei das größte Bankhaus die Flessabank mit 28 Filialen ist. Die anderen acht Privatbankiers sind hinsichtlich ihrer Bilanzsumme sehr klein und verfügen über nur wenige Filialen (siehe Anhang 11).

Die zweite Gruppe, die Privatbankiers des Großgeschäfts, widmet sich im Privatkundegeschäft ausschließlich der Individualbetreuung vermögender Kunden und entspricht damit am ehesten dem traditionellen Bild eines Privatbankiers.[94] Je nach Schwerpunktsetzung werden neben den Individualkunden auch institutionelle Kunden bzw. Unternehmen betreut.[95]

In Deutschland existieren noch 14 Bankhäuser dieses traditionellen Typs.

Die fünf größten mit nationaler Bedeutung innerhalb dieser Gruppe sind M. M. Warburg, Hauck & Aufhäuser, Bankhaus Lampe, Bankhaus Metzler und die Berenberg Bank (siehe Anhang 12).[96]

---

[88] Vgl. Lingel, Marcus: a.a.O., S. 151.
[89] Beispiele dafür sind Bankhaus Hafner, Bankhaus Sperrer und die Gabler-Saliter-Bank.
[90] Internet-Recherche vom 20.08.2011, http://www.handelsblatt.com/unternehmen/banken/eine-privatbank-fuer-jedermann/2266470.html, Privatbank für Jedermann.
[91] Vgl. Schulze, Michael: Private Banking. Strategien zur Markterschließung, Stuttgart 2009, S. 12.
[92] Storn, Arne: Private Banking. Irgendetwas mit viel Geld, in: Die Zeit, 02.09.2010 Nr. 36, S. 12.
[93] Vgl. Lingel, Marcus: a.a.O., S. 150.
[94] Vgl. Storn, Arne: a.a.O., S. 12.
[95] Vgl. Lingel, Marcus: a.a.O., S. 151.
[96] Vgl. Faust, Martin: Leistungsangebot und Wettbewerbssituation im Private Banking und Wealthmanagement, in: Brost, Heike/Faust, Martin (Hrsg.): Private Banking und Wealth Management, München 2006, S. 19; Storn, Arne: a.a.O., S. 12.

3. Kundensegmentierung

3.1. Retail Kunden

Zum effizienten Einsatz der absatzpolitischen Instrumente ist eine Unterteilung des Marktes in Kundensegmente notwendig. In der Literatur gibt es zahlreiche Ansätze zur Segmentierung der Kunden. Bei der Differenzierung der Kundensegmente im Privatkundenbereich ist in der Praxis jedoch eine Segmentierung auf Basis des Kriteriums des Kundenvermögens üblich.[97]

Bei Retail Kunden[98] handelt es sich entweder um Privatpersonen mit bescheidenen finanziellen Mitteln oder um Kleinunternehmen.[99]

Die Vermögensgrenzen für die Segmentierung werden von den Instituten in Abhängigkeit von der Geschäftsstrategie sehr unterschiedlich gewählt. Während die Kunden bei Genossenschaftsbanken und Sparkassen bis zu einem Vermögen von 50.000 bis 100.000 Euro dem Retail Kunden Segment zugeordnet werden, liegt die Segmentierungsgrenze bei den Privatbankiers in der Regel bei etwa 500.000 Euro.[100]

3.2. Private Banking Kunden

Im Fokus der Geschäftätigkeit der Privatbankiers steht traditionell das Segment der vermögenden und sehr vermögenden (HNWI und UHNWI)[101] Privatpersonen.[102]

Sie ordnen die Kunden in der Regel erst mit einem Geldvermögen von 500.000 bis einer Million Euro dem Segment der Private Banking Kunden zu.[103]

Eine weitere Segmentierung der vermögenden Kunden, wie bei Großbanken und Sparkassen üblich (siehe Anhang 13), wird bei den Privatbankiers in der Regel nicht vorgenommen.[104]

3.2. Firmenkunden

Das Firmenkundegeschäft ist stark mit dem Privatkundengeschäft verbunden, da Privat- und Unternehmensvermögen der Kunden oft eng miteinander verknüpft sind.[105]

---

[97] Vgl. Faust, Martin: a.a.O., S. 6.
[98] Retail Kunden werden auch als Mengen-, Massen-, Universal-, Standard- oder Retail-Banking-Kunden bezeichnet.
[99] Vgl. Swoboda, Uwe C.: Retail-Banking und Private Banking: a.a.O., S. 39.
[100] Vgl. Faust, Martin: a.a.O., S. 8 f.
[101] Siehe Gliederungspunkt 5.5. Wachsende Anzahl vermögender Kunden.
[102] Vgl. Storn, Arne: a.a.O., S. 12.
[103] Vgl. Faust, Martin: a.a.O., S. 8 f.
[104] Vgl. Faust, Martin: a.a.O., S. 9; Schulze, Michael: a.a.O., S. 12 f.
[105] Vgl. Ebhardt, Nicolàs: a.a.O., S. 70 f.

Die kleineren Regional- und Lokalbanken beschränken sich dabei eher auf mittelständige Unternehmen und Selbstständige aus der Umgebung ihres Standortes, zu denen sie traditionell eine Verbindung haben.[106]

Wegen der geringen Größe und Eigenkapitalausstattung beschränken sich hier die Aktivitäten auf die kurz- und mittelfristige Finanzierung.[107]

Die Privatbankiers des Großgeschäfts haben sich zusätzlich im Firmenkundengeschäft auf die unabhängige Beratung von Unternehmen und von Private-Equity-Häusern spezialisiert. Weiterhin beraten sie die öffentliche Hand beim Kauf und Verkauf von Unternehmensanteilen, bei Kapitalmarkttransaktionen und Finanzierungsthemen.[108]

3.3. Institutionelle Anleger

Bei Institutionellen Anlegern handelt es sich beispielsweise um Versicherungsgesellschaften, Investmentfonds, Stiftungen und Pensionskassen. Sie werden ausschließlich von den Privatbankiers des Großgeschäfts[109] mit Dienstleistungen wie Vermögensverwaltung und Vermögensberatung betreut.[110]

4. Marktpolitische Aspekte der Privatbankiers

4.1. Sortimentspolitik

Die Sortimentspolitik ist das wichtigste Instrument im Marketing-Mix.[111]

Sie dient als Katalysator für den Geschäftsanbahnungsprozess und spielt im Wettbewerb um die Private Banking Kunden eine entscheidende Rolle. Aufgrund der Austauschbarkeit von traditionellen Bankleistungen, ist die Zusammenstellung von Produkt- und Servicebündel, die aufeinander aufbauen und ergänzen, ausschlaggebend für die Differenzierung im Wettbewerb.[112]

Ein solches Baukastenprinzip lässt die Verwendung von teilweise standardisierten Produkten zu. Die Wertschöpfung für den Kunden liegt dabei nicht in der individuellen

---

[106] Vgl. Zenz-Spitzweg, Patrick: a.a.O., S. 51.
[107] Vgl. Lingel, Marcus: a.a.O., S. 152.
[108] Vgl. Internet-Recherche vom 20.08.2011, http://www.metzler.com/metzler/generator/metzler/de/Institutionelle_20Kunden/Institutionelle_20Kunden_20_28Content_29.html, Corporate Finance bei Metzler.
[109] Siehe Gliederungspunkt 2.3.
[110] Vgl. Lingel, Marcus: a.a.O., S. 151.
[111] Vgl. Huth, Olaf: Marketing von Private-Banking-Dienstleistungen, in: Brost, Heike/Faust, Martin (Hrsg.): Private Banking und Wealth Management, München 2006, S. 265.
[112] Vgl. Zeltner, Jürg: Strategische Erfolgsfaktoren für das Wealth Management, in: Brost, Heike/Faust, Martin (Hrsg.): Private Banking und Wealth Management, München 2006, S. 100.

Fertigung von Produkten, sondern in der individuellen Zusammenstellung von Leistungsbündeln.[113]

Dieses sogenannte Financial Engineering ist die einzige Möglichkeit, Wettbewerbsvorteile zu generieren, da die Bedeutung von isolierten Einzelleistungen immer mehr abnimmt.[114]

4.1.1. Definition Private Banking

Eine allgemeingültige Definition von Private Banking existiert bisher weder in der Bankpraxis noch betriebswirtschaftlichen Literatur. Wissenschaftliche Abhandlungen mit Grundsatzcharakter sind kaum zu finden.[115]

Grundsätzlich wird unter Private Banking eine umfassende Dienstleistung für vermögende Kunden mit komplexen Einkommens- und Vermögensverhältnissen verstanden. Maßgeschneiderte, auf die individuellen Bedürfnisse des Kunden abgestimmte Finanzprodukte und Dienstleistungen, eine intensive Bank-Kunde Beziehung und ein hohes Maß an Diskretion und Vertrauen sind charakteristische Merkmale des Private Bankings.[116]

Das Kerngeschäft im Private Banking bilden die Vermögensverwaltung und die Anlageberatung. Weiterhin stehen dem Kunden zusätzliche Dienstleistungen wie Beratung in Sonderfragen, Unternehmensnachfolge und Nachlassmanagement, Stiftungsmanagement, Kunstberatung etc., zur Verfügung.[117]

Der Begriff Wealth Management wird oft als Synonym für Private Banking verwendet.[118] Das Wealth Management umfasst zwar die Leistungen des Private Bankings,

---

[113] Vgl. Brost, Heike: Standardisierung versus individuelle Fertigung im Private Banking, in: Brost, Heike/Faust, Martin (Hrsg.): Private Banking und Wealth Management, München 2006, S. 242 f.
[114] Vgl. Swoboda, Uwe C.: Retail-Banking und Private Banking, a.a.O., S. 374.
[115] Vgl. Tilmes, Rolf/Schaubach, Peter: Private Banking und Wealth Management – Definition und Abgrenzung aus wissenschaftlicher Sicht, in: Brost, Heike/Faust, Martin (Hrsg.): Private Banking und Wealth Management, München 2006, S. 56; Faßbender, Miriam: Honorarberatung im Private Banking. Traditionelle und alternative Preismodelle im direkten Vergleich, Hamburg 2010, S. 8.
[116] Vgl. Salmen, Sonja-Maria: Electronic Relationship Marketing im Bankgeschäft. Individualisierte Kundenbeziehungen – Schlüssel zum Private Internet Banking, Wiesbaden 2003, S. 71 f; Vgl. Faßbender, Miriam: a.a.O., S. 17.
[117] Vgl. Howald, Bettina: Kundenwert im Private Banking. Eine Analyse der Einflussfaktoren und der Wirkungszusammenhänge, Bern/Stuttgart/Wien 2007, S. 18.
[118] Vgl. Meiers, Benjamin/Schilling, Christian/Baedorf, Katrin: Grundlagen des Privat Banking – Akteure und Geschäftsmodelle, in: Rudolf, Markus/Baedorf, Katrin (Hrsg.): Private Banking, 2. Auflage, Frankfurt 2011, S. 23; Tilmes, Rolf/Schaubach, Peter: a.a.O., S. 66.

erweitert diese aber um die Leistungen des Family Offices und ist den sehr vermögenden Kunden vorbehalten (siehe Anhang 14).[119]

Das Family Office beschränkt sich nicht nur auf das Finanzvermögen, sondern schließt als „rundum-sorglos-Servicepaket" ebenso Aspekte des Human- und Sozialvermögens ein.[120]

4.1.2. Transaktionsleistungen

Unter Transaktionsleistungen versteht man beispielsweise Kontoführung, Zahlungsverkehr, Wertpapierdepotführung und Transaktionsabwicklung. Es handelt sich dabei um die ersten beiden Stufen der Wertschöpfungskette einer Bank (siehe Anhang 15). Diese beiden Stufen sind reine technische Aufgaben und haben eine geringe Wertschöpfungsintensität. Sie können nur von großen Instituten mit entsprechender IT-Infrastruktur unter der Nutzung von Größenvorteilen wirtschaftlich betrieben werden.

Da es sich bei den Privatbankiers um kleine Institute handelt, ist es ihnen nicht möglich, Größenvorteile zu nutzen und mit diesen Leistungen Ertrag zu erwirtschaften.

Die Prozesse der ersten und zweiten Wertschöpfungsstufe sollten grundsätzlich kosteneffizient ausgelagert[121] und von Drittanbietern erbracht werden (siehe Anhang 16).[122]

Das Outsourcing von Transaktionsleistungen wird in Deutschland inzwischen Marktstandard angesehen.[123]

Ein bekannter Drittanbieter in Deutschland ist z.B. die biw AG. Dabei handelt es sich um eine technisierte Transaktions- und Onlinebank, die sich explizit an Vermögensverwalter, Finanzintermediäre, Banken und sonstige Finanzdienstleister richtet.[124]

4.1.3. Vermögensaufbau

Im Rahmen des Lebenszykluskonzepts werden auf den Lebensabschnitt entsprechende Finanzdienstleistungen für den Vermögensaufbau wie Versicherungen, Standardkredite, Wertpapierberatung und Immobilienfinanzierung angeboten.

---

[119] Vgl. Nigsch, Marco: Das Wealth-Management-Team in der Kundenbetreuung. Eine Analyse am Beispiel einer Schweizer Großbank, Diss. Linz 2010, S. 14.
[120] Vgl. Horn, Carsten: Qualitätsmessung im Private Banking. Eine Analyse der Dienstleistungsqualität und deren Auswirkungen, Diss., Köln 2009, S. 12.
[121] Vgl. Ehlerding, André/Lumma, Katrin: Private Banking in Deutschland – Chancen und Erfolgsfaktoren in einem Wachstumsmarkt, in: Brost, Heike/Faust, Martin (Hrsg.): Private Banking und Wealth Management, München 2006, S. 51.
[122] Vgl. Faßbender, Miriam: Honorarberatung im Private Banking. Traditionelle und alternative Preismodelle im direkten Vergleich, Hamburg 2010, S. 26.
[123] Vgl. Röckmann, Christian/Till, Matthias: Outsourcing – eine valide Option?, in: die bank 2/2011, S. 31.
[124] Vgl. Internet-Recherche vom 19.12.2011, http://www.biw-bank.de/index.php, Transaktionsbank biw.

Diese Basisleistungen sind weitestgehend standardisiert und werden von den Privatbankiers des Mengengeschäfts angeboten. Sie unterscheiden sich bezüglich der Sortimentspolitik kaum von den Retailbanken.

4.1.4. Finanzplanung

Das Financial Planning bildet die Grundlage für die ganzheitliche Beratung und Betreuung vermögender Kunden. Es werden die gesamten finanziellen Verhältnisse des Kunden analysiert, optimiert und geplant. Dafür werden sowohl die persönlichen Verhältnisse als auch die Ziele und Wünsche des Kunden berücksichtigt.[125]

Im Mittelpunkt der Analyse stehen neben Steuer- und Liquiditätsaspekten die vor allem die langfristige Vorsorge- und Nachlassplanung.[126]

Im Wesentlichen erfolgt die Finanzanalyse zur Ermittlung des Status-quo in drei Schritten. Zuerst wird eine persönliche Bilanz des Kunden aufgestellt, d.h. das gesamte Vermögen auf der Aktivseite wird der Kapitalherkunft auf der Passivseite gegenübergestellt (siehe Anhang 17). Der zweite Schritt besteht aus der Aufstellung einer Gewinn- und Verlustrechnung. Am Ende dieser Liquiditätsanalyse wird der Saldo aus Einnahmen und Ausgaben errechnet. Ein positiver Saldo steht als sogenannter Anlagebetrag zur Verfügung und bietet dem Berater einen direkten Beratungsansatz für weitere Maßnahmen des Vermögensaufbaus. Im letzten Schritt wird eine private Risikoanalyse durchgeführt. Es werden verschiedene Risikoszenarien, wie Tod, Berufsunfähigkeit, Vermögensschäden durch gesetzliche Haftungsansprüche, etc., und deren Auswirkungen auf das Vermögen und die Angehörigen simuliert. Auf dieser Basis werden Optimierungsansätze und Verhaltensregeln für den Schadensfall entwickelt.[127]

Der Berater verschafft sich durch diesen Prozess ein umfassendes Bild über die Lage des Kunden und kann im nächsten Schritt Lösungen für die identifizierten Probleme erarbeiten und in einem Maßnahmenkatalog zusammenfassen.[128]

Anschließend werden die Ergebnisse präsentiert und eine Strategie zusammen mit dem Kunden abgestimmt. Im weiteren Verlauf finden regelmäßig Update-Gespräche mit dem Kunden statt, in dem ihm Bericht erstattet wird und eine Feinregulierung der Strategie stattfindet.[129]

---

[125] Vgl. Faust, Martin: a.a.O., S. 16.
[126] Vgl. Schulze, Michael: a.a.O., S. 50.
[127] Reittinger, Wolfgang: Financial Planning im Wealth Management, in: Brost, Heike/Faust, Martin (Hrsg.): Private Banking und Wealth Management, München 2006, S. 375 ff.
[128] Vgl. Faust, Martin: a.a.O., S. 16.
[129] Vgl. Schulze, Michael: a.a.O., S. 51.

Die Finanzplanung ist eines der wichtigsten Vertriebsinstrumente für das Private Banking und vergleichbar mit der Bedeutung des Girokontos im Rahmen des Retail Bankings.

Durch ein frühes Angebot dieser Dienstleistung können sehr viele Informationen über den Kunden gewonnen werden, was die Grundvoraussetzung für eine qualitativ hochwertige und individuelle Betreuung ist. Ziel ist es, entweder die Kundenbeziehung zu Bestandskunden weiter auszubauen oder Neukunden zu gewinnen.[130]

Da die Finanzplanung die Grundlage für die Kundenberatung und den Verkauf weiterer Produkte darstellt, sollte sie nicht als ein zusätzliches Produkt positioniert und die Honorierung in den Hintergrund gestellt werden. Es geht dabei primär um kundenorientierte Vertriebsunterstützung mittels Beratung.[131]

Für die Sicherung des Qualitätsstandards gelten für diese Dienstleistung die Grundsätze[132] der ordnungsgemäßen Finanzplanung des Financial Planning Standards Board Deutschland e.V. (FPSB Deutschland).[133]

4.1.5. Vermögensverwaltung

Bei vermögenden und sehr vermögenden Personen sind die individuellen Bedürfnisse in der Regel befriedigt. Bei ihnen treten andere Bedürfnisse wie Selbstverwirklichung in den Vordergrund. Für dieses Kundensegment bestehen im Wesentlichen zwei Gründe für die Nutzung der Dienstleistung Vermögensverwaltung: Einerseits überfordert die zunehmende Komplexität des Vermögens den Kunden, andererseits ist die Zeit des Kunden der entscheidende Engpassfaktor.[134]

Die Vermögensverwaltung (Asset Management) ist ein zentrales Produkt für vermögende Privatkunden. Der Kunde beauftragt das Bankhaus mittels eines Vermögensverwaltungsmandates, sein Vermögen zu verwalten. Dabei trägt das Institut eine hohe Verantwortung, da im Rahmen der vorher mit dem Kunden abgestimmten Anlagestrategie der Berater in der Regel die Anlageentscheidungen ohne Rücksprache mit dem Kunden selber trifft.[135]

Ein zentraler Bestandteil der Vermögensverwaltung ist das Immobilienmanagement. Zu Beginn einer Immobilienberatung werden alle Immobilien- und Finanzierungsdaten

---

[130] Vgl. Reittinger, Wolfgang: a.a.O., S. 371; 387.
[131] Vgl. Reittinger, Wolfgang: a.a.O., S. 387; Zeltner, Jürg: a.a.O., S. 103.
[132] Die Grundsätze sind Vollständigkeit, Vernetzung, Individualität, Richtigkeit, Verständlichkeit, Dokumentationspflicht, Einhaltung der Berufungsgrundsätze.
[133] Vgl. Reittinger, Wolfgang: a.a.O., S. 374; Internet-Recherche vom 07.11.2011, http://www.fpsb.de/kunden/beratungsgrundsaetze.cfm. Beratungsgrundsätze FPSB.
[134] Vgl. Faust, Martin: a.a.O., S. 10.
[135] Vgl. Faust, Martin: a.a.O., S. 10.

erfasst, um im ersten Schritt Transparenz zu schaffen. Im zweiten Schritt werden Mieterträge und Aufwendungen gegenübergestellt und eine Strategie für die Renditeoptimierung mit dem Kunden erarbeitet. In diesem Rahmen hat das Kreditinstitut eine koordinierende Funktion sowohl beim Kauf als auch beim Verkauf von Objekten und bietet Lösungen für die Finanzierung an. Weiterhin stehen zusätzliche Services, wie das Facility-Management und die Versicherung der Immobilien, zur Verfügung.[136]

4.1.6. Beratung in Sonderfragen

Die Beratung in Sonderfragen ist für Kunden mit besonders umfangreichen Vermögen von Bedeutung. Diese Kunden tragen viel Verantwortung gegenüber ihren Unternehmen, ihren Familien und unter Umständen fühlen sie sich auch dem Allgemeinwohl verpflichtet. Aus diesen Gründen ist eine professionelle Regelung zum Erhalt der Vermögensstruktur über den Tod des Kunden hinaus notwendig.

Viele Privatbankiers unterhalten dafür eigene Abteilungen sowohl für Erbschaftsplanung und Nachlassmanagement als auch für Stiftungsmanagement. In diesen Abteilungen werden Stiftungen verwaltet, wobei es üblich ist, dass Mitarbeiter der Bank in Stiftungsgremien mitwirken. Das Nachlassmanagement regelt die gesamte Testamentsvollstreckung.[137] Für den Erblasser bestehen die Vorteile dieser Beratungs- und Verwaltungsdienstleistung in der Erfahrung der Institute bei Testamentsvollstreckungen und dem Wissen über dessen Vermögensstruktur. Durch das Mitwirken der Bank in den Verwaltungsgremien seiner Stiftung wird eine Kontinuität in der Umsetzung der angeordneten Verwaltungsaufgaben sichergestellt.[138]

4.1.7. Family Office

Das Family Office als Dreh- und Angelpunkt des Wealth Management ist mit seinen zusätzlichen Services insbesondere dem Segment der sehr vermögenden Kunden vorbehalten.[139]

Der Begriff Family Office entstand im 19. Jahrhundert in den USA, als vermögende Familiendynastien, z.B. Rockefeller, Morgan oder Stuyvesant, eigene Institute gründeten, um ihr eigenes Vermögen professionell zu managen. Die Familie Morgen begann

---

[136] Vgl. Swoboda, Uwe C.: Retail-Banking und Private Banking, a.a.O., S. 380 f.
[137] Siehe auch Gliederungspunkt 5.6. Demographischer Wandel.
[138] Vgl. Swoboda, Uwe C.: Retail-Banking und Private Banking, a.a.O., S. 379.
[139] Vgl. Zeltner, Jürg: a.a.O., S. 112 f.

damals als erster, diese Dienstleistungen auch anderen Familien zugänglich zu machen.[140]

In einem Family Office werden die Kunden und ihre Familien über mehrere Generationen hinweg durch ein integriertes Gesamtkonzept mit maßgeschneiderten Finanzdienstleistungslösungen betreut.[141]

Der Vermögensbegriff ist im Family Office erweitert zu verstehen: Neben dem Finanzvermögen werden auch Sozial- und Humanvermögen in die Betreuung eingeschlossen.[142]

Ein Katalog für die vielfältigen Dienstleistungen gibt es nicht, da der Leistungsumfang individuell abgestimmt wird.[143] Typischerweise stehen den sehr vermögenden Kunden zusätzliche über die Bankleistungen des Private Banking hinausgehende Services, wie Sekretariatsaufgaben, Buchhaltung, Rechts- und Steuerberatung, zur Verfügung.[144]

Die Gesamtzahl der Family Offices in Deutschland wird auf etwa 50 geschätzt. Sie betreuen etwa 6000 Kunden (UHNWIs) mit einem Gesamtvermögen von mehr als 180 Milliarden Euro.[145]

In Deutschland bieten fünf Privatbankiers Family Offices an, die in der Regel von Tochterunternehmen der Bankhäuser betrieben werden (siehe Anhang 18).

4.2. Preispolitik

4.2.1. Provisionsvergütung

Die Provisionsvergütung ist das traditionelle Preismodell des Bankgeschäfts. Für den Verkauf von Produkten erhält die Bank eine Provision. Verkauf, Beratung und Abwicklung werden als Bündel zu einem gemeinsamen Preis angeboten. Es erfolgt damit eine indirekte Vergütung der Beratungsleistung.[146]

---

[140] Vgl. Krume, Michael/von Schulenburg: Das Family Office als Bestandteil des Private Banking, in: Brost, Heike/Faust, Martin (Hrsg.): Private Banking und Wealth Management, München 2006, S. 393 f.
[141] Vgl. Nigsch, Marco: a.a.O., S. 14.
[142] Vgl. Schaubach, Peter: Family Office im Private Wealth Management. Konzeption und empirische Untersuchung aus Sicht der Vermögensinhaber, in: Schulte, Karl-Werner/Tilmes, Rolf (Hrsg.): Financial Planning, Band 6, 4. Auflage, Bad Soden 2011, S. 63 f.
[143] Vgl. Gulich, Nicole: Strategische Erfolgsfaktoren im Privatkundengeschäft von Banken. Identifikation von best-practice-Lösungen, in: Kramer, Jost W./et al. (Hrsg.): Wismarer Schriften zu Management und Recht, Band 15, Bremen 2008, S. 63.
[144] Vgl. Schulze, Michael: a.a.O., S. 12 f.
[145] Vgl. Schaubach, Peter: a.a.O., S. 347; Internet-Recherche vom 29.12.2011, http://www.manager-magazin.de/magazin/artikel/0,2828,740763,00.html, Family Offices in Deutschland.
[146] Vgl. Faßbender, Miriam: a.a.O., S. 43 f.

Dieses Preismodell führt zu Konflikten zwischen Kunde und Bank. Bei einer provisionsorientierten Beratung wird diese wahrscheinlich nicht unabhängig durchgeführt werden und wird damit den Kundenanforderungen im Private Banking nicht gerecht.[147] Ziel dieses Preismodells ist es, Provision und Margen zu erwirtschaften. Am Ende eines Beratungsgesprächs muss immer eine Produkt oder eine Transaktion verkauft werden, damit sich die Beratungsleistung für die Bank lohnt. Aus einem Beratungsgespräch wird so ein reines Verkaufsgespräch.[148]

Einzig durch die Nutzung eines Honorar-Modells kann dieser Konflikt gelöst werden.[149]

4.2.2. Honorarvergütung

Die Beratungs- und Betreuungsleistungen haben bei den Privatbankiers als Kernleistung den höchsten Wertschöpfungsgrad und werden in der Regel explizit bepreist.[150]

Der Berater erhält seine Vergütung nicht vom Produktanbieter sondern direkt vom Kunden. Dadurch werden Beratung und Vermittlung voneinander entkoppelt und der Verkaufsdruck nimmt ab.[151]

Bei diesem Vergütungsmodell werden Interessenkonflikte zwischen Kunden und Berater vermieden und es wird dem Anspruch der unabhängigen und objektiven Beratung am gerechtesten.

Eine geringe Akzeptanz eines Großteils der Bevölkerung für Honorarberatung besteht überwiegend bei Kunden mit niedrigem Einkommensniveau.[152] Generell steigt die Bereitschaft, Geld für eine Beratung auszugeben, mit dem Wert des Beratungsgegenstandes. So wird allgemein akzeptiert, ein Honorar für ein Beratungsleistungen beim Immobilienkauf zu zahlen.[153]

Analog dazu sind vermögende Kunden auch bereit, für die Dienstleistungen der Privatbankiers ein Honorar zu entrichten.

Zwar nimmt der vom Wettbewerb umworbene Kunde bei den Preisverhandlungen eine starke Position ein, jedoch hat das Institut aufgrund eines hohen Ertragspotentials bei

---

[147] Vgl. Heinneccius, Jens: Financial Planning im Private Banking, in: Krauss, J. Peter (Hrsg.): Neue Kunden mit Financial Planning. Strategien für die erfolgreiche Finanz- und Vermögensberatung: Kundenorientierte Strategie in der Vermögensberatung, Wiesbaden 2003, S. 119.
[148] Vgl. Faßbender, Miriam: a.a.O., S. 66.
[149] Vgl. Faßbender, Miriam: a.a.O., S. 51.
[150] Vgl. Ebhardt, Nicolàs: a.a.O., S. 206.
[151] Vgl. Roßbach, Peter: Honorarberatung versus Provisionsvergütung, in: die bank 10/2011, S. 53.
[152] Roßbach, Peter: a.a.O., S. 53.
[153] Vgl. NN: Keine Mehrheit für Honorarberatung. Finanzcheck eher noch seltener, in: die bank 12/2010, S. 22.

Private Banking-Kunden einen Verhandlungsspielraum. Zusätzlich fehlt den Kunden die Transparenz über die Preisstrukturen auf dem Private Banking-Markt, womit Preisvergleiche schwierig werden.[154]

Für die Bindung bestehender Kunden spielt die Preispolitik daher eine untergeordnete Rolle.[155] Bestandskunden sind eher preiselastisch bzw. durchschnittlich oder wenig preissensibel.[156] Die Preissetzung sollte grundsätzlich flexibel sein und mit jedem Kunden individuell verhandelt werden.[157]

Am Ende sind für den Kunden neben der Performance und der empfundenen Qualität der Betreuung die persönliche Beziehung und das Vertrauen zum Berater bzw. zum Bankhaus die entscheidenden Faktoren.[158]

Eine Ausnahme bildet die Gewinnung neuer Kunden. Hier ist es in der Praxis üblich, dass Produkte, die der Neukundengewinnung dienen, wie z.B. das Financial Planning, als kostenfreier Service angeboten werden.[159]

4.2.2.1. Zeithonorar

Der Kunde zahlt beim Zeithonorarmodell entsprechend der beanspruchten Beratungszeit. In abgewandelter Form kann dieses Modell auch variabel an eine andere Preisbasis, z.B. das Transaktionsvolumen, gekoppelt werden.[160]

4.2.2.2. Erfolgshonorar

Beim Erfolgshonorar- bzw. Performance-Modell partizipiert der Vermögensverwalter an der positiven Wertentwicklung des zu verwaltenden Vermögens. Die Höhe des Honorars bewegt sich üblicherweise zwischen fünf und 25 Prozent des Wertzuwachses. Diese Art der Vergütung honoriert zwar den Erfolg und erscheint gerecht, birgt aber auch Risiken. So könnte der Verwalter unnötig hohe Risiken eingehen, um seine Vergütung zu maximieren. Um diese Gefahr zu minimieren, wird in der Praxis die Erfolgsvergütung mit der zeitabhängigen Honorarberatung kombiniert.[161]

---

[154] Vgl. Huth, Olaf: a.a.O., S. 267.
[155] Vgl. Zenz-Spitzweg, Patrick: a.a.O., S. 73 f.
[156] Vgl. Putz, Alexander: Retention Marketing im Private Banking: Theoretische und empirische Analyse des Kundenbindungsmarketing im österreichischen Private Banking, Wien 2002, S. 88.
[157] Vgl. Reittinger, Wolfgang: a.a.O., S. 387; Echter, J. Konstantin: Hedgefonds-Investments im Private Banking: Eine empirische Analyse des deutschen Marktes, Diss. Augsburg 2008; S. 9.
[158] Vgl. Huth, Olaf: a.a.O., S. 271 f.
[159] Vgl. Reittinger, Wolfgang: a.a.O., S. 387.
[160] Vgl. Schulze, Michael: a.a.O., S. 84; Faßbender, Miriam: a.a.O., S. 17.
[161] Vgl. Kruschev, Wesselin: Vermögensverwaltung in: Brost, Heike/Faust, Martin (Hrsg.): Private Banking und Wealth Management, München 2006, S. 452.

Zusätzlich kann dieses Risiko durch eine Beteiligung des Beraters an möglichen Verlusten minimiert werden.[162]

4.2.2.3. Pauschalpreis

Beim Pauschalpreis- bzw. Flat-Fee-Modell werden definierte Leistungen oder Leistungspakete unabhängig von Menge und Volumen mit einem Festpreis abgegolten. Für das Institut besteht der Vorteil in der einfachen Abrechnung dieses Modells.[163]
Dieses Preismodell eignet sich für individuell zusammengestellte Leistungsbündel, da ein Preisvergleich durch den Kunden erschwert und der Preis weniger hinterfragt wird.

4.2.2.4. Verwaltungsgebühr

Die Verwaltungsgebühr fällt ausschließlich im Rahmen eines Vermögensverwaltungsvertrages an und kompensiert die ausbleibenden Honorare aus Beratung.
Sie orientiert sich am Volumen des zu verwaltenden Vermögens und stellt die Haupteinnahmequelle bei der Vermögensverwaltung dar.[164] Die Gebühren betragen etwa einen Prozent bezogen auf das zu verwaltende Vermögen.[165]

4.3. Vertriebspolitik

4.3.1. Persönlicher Vertrieb

4.3.1.1. Filiale

Im Mittelpunkt der Distributionspolitik der Privatbankiers steht die Filiale. In der Regel wird der Markt von einem Stammhaus und nur wenigen Niederlassungen bedient. Durch wenige Standorte entsteht den Bankhäusern im Vergleich zu Großbanken ein erheblicher Kostenvorteil. Durch die Nutzung des mobilen Vertriebs und moderner Kommunikationsmittel kann die fehlende Kundennähe kompensiert werden.[166]
Die Geschäftsstellen haben sowohl einen materiellen als auch einen immateriellen Nutzen. Der materielle Wert besteht in der Nutzung der Filialen für Betreuungs- und Beratungsgespräche. Durch die Lage in touristisch hoch frequentierter Innenstadtnähe und durch die repräsentative Gestaltung der Geschäftsstellen (siehe Anhang 19) werden das Image und die Außendarstellung stark gefördert.[167]

---

[162] Vgl. Putz, Alexander: a.a.O., S. 88.
[163] Vgl. Putz, Alexander: a.a.O., S. 89.
[164] Vgl. Kruschev, Wesselin: a.a.O., S. 447.
[165] Vgl. Swoboda, Uwe C.: Retail-Banking und Private Banking, a.a.O., S. 314; Faßbender, Miriam: a.a.O., S. 9.
[166] Vgl. Faust, Martin: a.a.O., S. 25 f.
[167] Vgl. Swoboda, Uwe C.: Retail-Banking und Private Banking, a.a.O., S. 394.

4.3.1.2. Mobiler Vertrieb

Die Mobilität der Private Banking Kunden ist während der letzten Jahr gestiegen und wird sich laut der Studie „Private Banking 2008 - ein Wachstumsmarkt mit großen Chancen" in Zukunft erheblich erhöhen.[168]

Der Anteil des mobilen Vertriebes im beträgt im Private Banking ca. 50 %. Grundvoraussetzung ist eine hohe Mobilität und zeitliche Flexibilität der Kundenberater. Die Örtlichkeiten für Beratungsgespräche sind in der Regel die Privatwohnung oder das Unternehmen des Kunden. Auch Golfplätze, Raststätten, Flughäfen oder Museen als Treffpunkte sind nicht unüblich. Das Ziel des mobilen Vertriebes ist die Intensivierung und Optimierung des Kundenkontaktes durch ortsunabhängige persönliche Betreuung. Zudem verlangen vor allem die sehr vermögenden Kunden diesen Service einerseits aus Bequemlichkeit und andererseits aus Zeitmangel.[169]

Die Kosten, die durch die Mobilität eines Beraters entstehen müssen in einem angemessenen Verhältnis zum Ertrag der Kundenbeziehung stehen, d.h. je größer das zu betreuenden Vermögen bzw. der Ertrag, desto größer die Wirtschaftlichkeit des mobilen Vertriebes und desto geringer ist die Bedeutung der Filialpräsenz.[170]

4.3.1.3. Telefon

Das Telefon wird in der Regel nicht für den aktiven Vertrieb genutzt, da eine ausreichende Beratungsqualität durch diesen Vertriebskanal nicht sichergestellt werden kann. Es ist davon auszugehen, dass das Telefon passiv für das Beschwerdemanagement und für Kundenanfragen genutzt wird.[171]

4.3.2. Elektronischer Vertrieb

Der persönliche Vertrieb wird ergänzt durch verschiedene elektronische Vertriebskanäle, denen aber lediglich eine reine Servicefunktion zukommt. Der Absatz von Produkten soll primär während eines persönlichen Beratungsgespräches erfolgen. Dies schafft Vertrauen und vermittelt dem Kunden den Eindruck, dass die Produkte und Lösungen individuell auf seine Bedürfnisse abgestimmt wurden.[172]

---

[168] Vgl. Swoboda, Uwe C.: Retail-Banking und Private Banking, a.a.O., S. 395; Internet-Recherche vom 24.10.2011, http://www.geldinstitute.de/data/news/news_1974542.html, Finanzdienstleistungsstudie: Private Banking 2008.
[169] Vgl. Swoboda, Uwe C.: Retail-Banking und Private Banking, a.a.O., S. 393 f.
[170] Vgl. Zeltner, Jürg: a.a.O, S. 116.
[171] Vgl. Putz, Alexander: a.a.O., S. 91.
[172] Vgl. Hampel, Marcus/Kühn, Ilmhart-Wolfram: Das Private Wealth Banking profitabel gestalten, in: die Bank 01/2011, S. 20 f.

4.3.2.1. Internet

Die Geschäftsphilosophie der Privatbankiers prägt auch deren Internetauftritt. Im Wesentlichen werden auf den Webseiten der Bankhäuser drei Funktionenbereiche angeboten: Die Abwicklung von Standardleistungen wie Zahlungsverkehr, Produkt- und Dienstleistungsinformationen und eine detaillierte Vorstellung des Bankhauses für einen überregionaler Auftritt.[173]

Die Möglichkeit Vertragsabschlüsse über die Internetseite zu tätigen ist generell nicht vorhanden.

Der Internetauftritt dient in erster Linie der Information von Neukunden. Sie können sich über die Bank informieren und einfach und schnell einen persönlichen Beratungstermin über ein Kontaktformular (siehe Anhang 20) vereinbaren.[174]

4.3.2.2. SB-Technologie

Die Automatentechnologie wird den Privatbankiers durch externe Partner zur Verfügung gestellt, da sie für ein eigenes Automatennetz viel zu klein sind. Den Kunden wird in der Regel eine Geldkarte zur Verfügung gestellt, mit der sie kostenpflichtig an Automaten fremder Institute Geld abheben können.

Mittlerweile haben sich Elf der 23 Privatbankiers dem Cash-Pool Verbund angeschlossen (siehe Anhang 21). Kunden dieser Banken stehen damit deutschlandweit 2800 Geldautomaten kostenlos zur Verfügung.[175]

4.3.3. Multi-Channel-Banking

Die Privatbankiers können hinsichtlich ihrer Vertriebspolitik als „filialzentrierte Multikanalbank"[176] bezeichnet werden.

Die elektronischen Vertriebswege dienen als Ergänzung im Transaktions- und Informationsbereich.[177] Die Filiale des Bankhauses steht im Mittelpunkt und dient der intensiven Betreuung von Private-Banking Kunden.[178]

---

[173] Vgl. Meyer, Kersten Martin: a.a.O., S. 40 f.
[174] Vgl. Putz, Alexander: a.a.O., S. 91.
[175] Vgl. Internetrecherche vom 28.08.2011, http://www.cash-pool.de/detail.htm, Anzahl Cash Pool Geldautomaten.
[176] Nirschl, Marco/Schimmer, Markus/Wild, Oliver/Wimmer, Andreas: Vertriebsstrategien im Retail Banking. Positionierungsansätze und Konzepte für deren erfolgreiche Umsetzung, Regensburg 2004, S. 22.
[177] Vgl. Ebhardt, Nicolàs: a.a.O., S. 182 f.
[178] Vgl. Nirschl, Marco/Schimmer, Markus/Wild, Oliver/Wimmer, Andreas: a.a.O., S. 22.

4.4. Kommunikationspolitik

Mit der Werbung wird das Ziel verfolgt, dem Kunden ein positives Image zu vermitteln, das Leistungsspektrum vorzustellen und ihn zur Kontaktaufnahmen zu motivieren.[179]

Im Gegensatz zum Retail Banking, in dem überwiegend unpersönliche Instrumente wie Print- uns Fernsehwerbung eingesetzt werden, bedient man sich im Private Banking der persönlichen Ansprache auf Veranstaltungen und Public Relation-Aktivitäten, d.h. durch Engagement in den Bereichen Soziales, Sport (siehe Anhang 22), Kultur und Kunst.[180]

Gründe dafür sind, dass es sich bei den Kunden einerseits um eine kleine Zielgruppe handelt und andererseits das Leistungsangebot zu komplex und individuell ist. Konventionelle Werbung würde zu hohen Streuverlusten führen.[181]

Ziele dieser Public Relations-Aktivitäten ist es, mit der Öffentlichkeit bzw. dem Kunden in einen Dialog zu treten und Verständnis und Vertrauen aufzubauen. Zusätzlich wird der Bekanntheitsgrad gesteigert und durch die Dokumentation gesellschaftlicher Verantwortung das Image verbessert.[182]

Der persönliche Kontakt zwischen Berater und bestehenden bzw. potentiellen Kunden bleibt nach wie vor das wichtigste Kommunikationsmittel der Privatbankiers.[183]

Ein wirksames Instrument, um mit Kunden und „Wunschkunden" in Kontakt zu treten sind Exklusive Veranstaltungen mit wenigen geladenen Gästen.[184]

Dem Kunden wird durch die persönliche Einladung zu Veranstaltungen ein über die finanziellen Interessen des Kundenberaters hinausgehendes ehrliches Interesse an der Person des Kunden selbst vermittelt. Das Vertrauensverhältnis wird gestärkt und beim Kunden wird ein Gefühl der Wertschätzung erzeugt.[185]

Verbunden mit einer professionellen Pressearbeit mit Berichten über gelungene Veranstaltungen wird Begehrlichkeit bei nicht eingeladenen vermögenden Personen erzeugt und deren Interesse für das Bankhaus geweckt.[186]

---

[179] Vgl. Huth, Olaf: a.a.O., S. 269.
[180] Vgl. Faust, Martin: a.a.O., S. 15.
[181] Vgl. Huth, Olaf: a.a.O., S. 270.
[182] Vgl. Swoboda, Uwe C.: Privatkundengeschäft der Kreditinstitute. Marketingstrategien und Managementprozesse, 3. Auflage, Frankfurt am Main 1998, S. 218.
[183] Vgl. Huth, Olaf: a.a.O., S. 270.
[184] Vgl. Schulz, Franz/Krönert, Uwe: Die Umsetzung der Private Banking-Strategie PPS im genossenschaftlichen Finanzverbund, in: Brost, Heike/Faust, Martin (Hrsg.): Private Banking und Wealth Management, München 2006, S. 176.
[185] Vgl. Schulze, Michael: a.a.O., S. 79 f.
[186] Vgl. Schulz, Franz/Krönert, Uwe: a.a.O., S. 177.

Ein indirektes Instrument der Kommunikation ist die Empfehlung zufriedener Kunden des Bankhauses. „Sein Urteil beziehungsweise seine Empfehlung ist das eindeutigste und vertrauenswürdigste Signal und somit die beste Werbung. Ist dies gegeben, kann auf konventionelle Formen der Werbung nahezu verzichtet werden."[187]

5. Herausforderungen für Privatbankiers heute und in der Zukunft

5.1. Wachsende Konkurrenz

Der Private Banking Markt ist durch einen intensiven Wettbewerb und durch eine starke Heterogenität der Anbieter gekennzeichnet.[188]

Ein Rückgang der Margen, eine hohe Marktdynamik und laufend neue Wettbewerber, die in den Markt eintreten, sind das Ergebnis. Dies bringt einen Wandel vom Verkäufer- zum Käufermarkt mit sich.[189]

Obwohl die Betreuung der vermögenden Kunden traditionell die Domäne der Privatbankiers ist, entdecken neben den Großbanken auch weitere Anbieter, wie z.B. Sparkassen, freie Finanzdienstleister und Versicherungen (siehe Anhang 23) diesen Kundenkreis für sich und bauen das Geschäftsfeld sukzessive weiter aus.[190]

Derzeit haben die Privatbankiers im Private Banking einen Marktanteil von etwa 15 Prozent.[191] Laut der Studie „Private Banking 2010/2012" werden den Privatbankiers große Chancen eingeräumt, ihren Marktanteil im Private Banking in Zukunft weiter auszubauen.[192]

5.2. Eigenkapital

Das Geschäftsvolumen und das Geschäftswachstum werden von der Höhe des Eigenkapitals begrenzt. Im Gegensatz zu großen Banken können Privatbankiers ihr Eigenkapital nicht am Kapitalmarkt beschaffen, da sie sonst ihre Identität und ihre Unabhängigkeit verlieren würden. Sollen keine neuen Teilhaber aufgenommen werden, ist Wachstum ausschließlich durch Gewinnthesaurierung möglich.[193]

---

[187] Huth, Olaf: a.a.O., S. 271.
[188] Vgl. Schulze, Michael: a.a.O., S. 23; Hampel, Marcus/Kühn, Ilmhart-Wolfram: a.a.O., S. 18.
[189] Vgl. Faßbender, Miriam: a.a.O., S. 9 f.
[190] Vgl. Internet-Recherche vom 30.11.2011,
http://www.handelsblatt.com/finanzen/fonds/nachrichten/finanzkrise-macht-die-reichen-misstrauischer/5878962.html?p5878962=all, Finanzkrise macht die Reichen misstrauischer.
[191] Vgl. Zenz-Spitzweg, Patrick: a.a.O., S. 50; Schulze, Michael: a.a.O., S. 23; Ehlerding, André/Lumma, Katrin: a.a.O., S. 32.
[192] Vgl. Internet-Recherche vom 30.12.2011,
http://www.dasinvestment.com/berater/news/datum/2010/10/14/studie-private-banking-im-umbruch/, Studie Private Banking 2010/2011.
[193] Vgl. Meyer, Kersten Martin: a.a.O., S. 33 f.

Die geringe Eigenkapitaldecke und die überschaubare Betriebsgröße der Privatbankiers schränken bestimmte Bankgeschäfte stark ein:[194] Um das Retail Banking ökonomisch zu betreiben, sind die privaten Bankhäuser zu klein. Für das Investmentbanking und das Kreditgeschäft sind eine hohe Eigenkapitalausstattung und eine umfangreiche Vorsorge für Ausfallrisiken erforderlich.[195]

Zusätzlich werden die Eigenkapitalanforderungen in Zukunft noch weiter steigen: Mit Basel III wurde eine Anhebung der Kernkapitalquote von derzeit acht auf 13 Prozent bis zum Jahr 2019 beschlossen (siehe Anhang 24).[196]

Das Kreditgeschäft und das Investmentbanking stellen für die Privatbankiers aufgrund der hohen Anforderungen keine Perspektive für die Zukunft dar. Deshalb sollte sie das Geschäft mit den vermögenden Privatkunden noch stärker in den Fokus rücken.[197] In Geschäftsbereiche, die hohe Anforderungen an das Eigenkapital erfordern sollte nur begrenzt investiert werden.[198]

Insbesondere die Privatbankiers des Mengengeschäfts werden wegen des fehlenden Individualkundengeschäfts zukünftig Problemen bekommen. Sie werden es auf wegen der geringen Betriebsgröße schwer haben, im Retailgeschäft gegen Sparkassen und Genossenschaftsbanken bestehen zu können.

Für die Privatbankiers des Großgeschäfts mit Fokus auf Individualkunden ergeben sich aus der geringen Betriebsgröße Vorteile: Sie sind sehr dicht an den Kunden und spüren deshalb deren individuellen Bedürfnisse. Durch die schlanken Organisationsstrukturen und die flache Hierarchie sind sie in einer besonders guten Lage, um auf Veränderungen schnell und flexibel zu reagieren.[199]

Durch diese Eigenschaften sind die Privatbankiers prädestiniert für das Individualkundengeschäft.[200]

5.3. Nachfolgeregelung

Der Charakter eines Bankhauses wird sehr stark durch die Inhaber geprägt. Die Nachfolgeregelung sollte im Interesse des Bankhauses rechtzeitig geregelt werden.[201]

---

[194] Vgl. Faust, Martin: a.a.O., S. 19, Vgl. Meyer, Kersten Martin: a.a.O, S 37.
[195] Vgl. Swoboda, Uwe C.: Retail-Banking und Private Banking, a.a.O., S. 314.
[196] Vgl. Internet-Recherche vom 30.12.2011, http://www.die-bank.de/betriebswirtschaft/basel-iii-2013-eine-kritische-wurdigung/?searchterm=base, Basel 3.
[197] Vgl. Swoboda, Uwe C.: Retail-Banking und Private Banking, a.a.O., S. 314; Faßbender, Miriam: a.a.O., S. 9.
[198] Vgl. Meyer, Kersten Martin: a.a.O, S 37.
[199] Vgl. Olearius, Christian: Vielfalt sichert die Zukunft. Unabhängige Privatbanken, in: die bank 4/2011, S. 42; Lingel, Marcus: a.a.O., S. 135; Vgl. Meyer, Kersten Martin: a.a.O., S. 33 f.
[200] Vgl. Ruffner, Markus: a.a.O., S. 17.
[201] Vgl. Lingel, Marcus: a.a.O., S. 190.

Ein plötzliches Ausscheiden eines Inhabers kann ohne Regelung zu erheblichen Problemen führen. Die Höhe des Geschäftskapitals kann durch gesetzliche Erbschaftsregelungen gefährdet werden und unter Umständen ist auch der Weiterbestand des Firmennamens gefährdet.[202]

Oft sind keine Nachfolger innerhalb der Bankiersfamilie wegen mangelnder Qualifikation oder Interesse zu finden. Damit keine Lücke innerhalb der Geschäftsführung entsteht, sollte eine qualifizierte Führungskraft frühzeitig aufgebaut werden, um den Kunden gegenüber Kontinuität in der Geschäftsführung und den Fortbestand des Bankhauses zu gewährleisten.[203]

5.4. Verändertes Kundenverhalten

Ein Teil der Kunden ist, bedingt durch die hohe Informationsverfügbarkeit, anspruchsvoller und emanzipierter geworden.[204]

Dabei handelt es sich meist um berufliche Aufsteiger bzw. um den „modernen performanceorientierten Private Banking Kunden"[205]. Diese Kunden sind meist jung und zeichnen sich durch ein hohes Preis, Qualitäts- und Renditebewusstsein aus.[206] Vor allem führt die gefühlte Austauschbarkeit der Bankprodukte bei ihnen zu sinkender Loyalität[207] und analog dazu zu einer steigenden Wechselbereitschaft[208].

Das Bedrohungspotenzial dieses Trends hält sich für die Privatbankiers aber in Grenzen. Mit steigendem Alter, entsprechender Lebenserfahrung und wachsenden Vermögen nimmt die Wechselbereitschaft der Kunden wieder ab. Jedoch sollten die Privatbankiers diesen Trend nicht vernachlässigen. Wechselwillige vielversprechende junge Kunden müssen an das Bankhaus durch passende Angebote, z.B. innovative Preismodelle oder Sonderkonditionen, gebunden werden. Dadurch wird ein „Wegaltern" der Kundschaft verhindert und Kundenpotenzial für die Zukunft aufgebaut.[209]

---

[202] Vgl. Meyer, Kersten Martin: a.a.O., S. 41.
[203] Vgl. Lingel, Marcus: a.a.O., S. 191.
[204] Vgl. Zenz-Spitzweg, Patrick: a.a.O., S. 77.
[205] Ehlerding, André/Lumma, Katrin: a.a.O., S. 46.
[206] Vgl. Wesseling, Matthias: Was wünschen sich vermögende Privatkunden wirklich?, in: Brost, Heike/Faust, Martin (Hrsg.): Private Banking und Wealth Management, München 2006, S. 199.
[207] Vgl. Faßbender, Miriam: a.a.O., S. 19.
[208] Vgl. Hampel, Marcus/Kühn, Ilmhart-Wolfram: a.a.O., S. 18.
[209] Vgl. Internet-Recherche vom 29.12.2011: http://www.faz.net/aktuell/finanzen/fonds-mehr/vermoegende-privatkunden-wechselwillig-und-zufrieden-1942194.html, Kundenverhalten.

5.5. Wachsende Anzahl vermögender Kunden

Deutschland ist mit etwa 924.000 HNWIs bzw. UHNWIs[210], d.h. Personen mit einem liquiden Vermögen von über einer Million bzw. 30 Millionen US Dollar,[211] der größte Markt für Private Banking in Europa.[212]

Bezogen auf die Anzahl vermögender Kunden befindet sich Deutschland weltweit auf Rang drei hinter den USA und Japan. In diesen drei Staaten befinden sich kumuliert 53 % der globalen HNWI Bevölkerung (siehe Anhang 25).

Die Anzahl der HNWIs in Deutschland ist in den letzten Jahren kontinuierlich gestiegen (siehe Anhang 26): Innerhalb der letzten 8 Jahre, von 2002 bis 2010, stieg sie um etwa 170.000 auf insgesamt 924.000 Personen an.[213]

Dieses Kundensegment verfügt über ein Vermögen von etwa 545 Milliarden Euro und erwirtschaftet ein Ertragspotential von ca. 9,5 Milliarden Euro in Deutschland.[214] Bis 2014 wird mit einer jährlichen Steigerung des Ertragspotentials von zwei bis zu fünf Prozent im Private Banking gerechnet.[215]

Die Rendite wird von 35 %[216] bis 38 %[217] (vor Steuern) für die Betreuung von Private Banking Kunden geschätzt.

Der durchschnittliche Ertrag pro Berater beträgt etwa 680.000 Euro.[218]

Weiterhin profitieren die Privatbankiers vom Trend, dass sich immer mehr vermögende Kunden seit der Finanzkrise 2008 von den Großbanken abwenden und ihr Geld kleinen „Finanz-Boutiquen anvertrauen". Es wird wieder mehr Wert auf Qualität in der Bera-

---

[210] HNWIs (High Net Worth Individuals) sind vermögende Kunden mit einem liquiden Vermögen über einer Million US Dollar bzw. etwa 750.000 €. Bei UHNWIs (Ultra High Net Worth Individuals) handelt es sich um sehr vermögende Kunden mit einem Vermögen über 30 Millionen US Dollar bzw. etwa 22 Millionen Euro.
Vgl. Merrill Lynch Global Wealth Management/Capgemini (Hrsg.): 2011 World Wealth Report, New York/Paris 2011, S. 4.
[211] Vgl. Rathgen, Christian/Khadjavi, Stephanie: Markt Deutschland, in: Vielhaber, Ralf (Hrsg.): Handbuch Wealth Management. Das Kompendium für den deutschsprachigen Raum, Wiesbaden 2008, S. 12.
[212] Ehlerding, André/Lumma, Katrin: a.a.O., S. 35.
[213] Merrill Lynch Global Wealth Management/Capgemini (Hrsg.): 2011 World Wealth Report, New York/Paris 2011, S. 7.
[214] Vgl. Hampel, Marcus/Kühn, Ilmhart-Wolfram: a.a.O., S. 18 f.; Internet-Recherche vom 30.11.2011, http://www.handelsblatt.com/finanzen/fonds/nachrichten/finanzkrise-macht-die-reichen-misstrauischer/5878962.html?p5878962=all, Finanzkrise macht die Reichen misstrauischer.
[215] Vgl. NN: Private Wealth Banking. Kundenbedarf umfassend bedienen, in: die bank 7/2011, S. 34.
[216] Vgl. Schulze, Michael: a.a.O., S. 23.
[217] Vgl. Ehlerding, André/Lumma, Katrin: a.a.O., S. 33.
[218] Vgl. NN: Deutscher Private-Banking-Markt. Volumina und Margen gesunken, in: die bank 3/2010, S. 28.

tung und auf Stabilität gelegt. Anstatt einer hohen Rendite tritt der Vermögenserhalt in den Fokus der Kunden.[219]

5.6. Demographischer Wandel

Eine steigende Lebenserwartung und die demographische Entwicklung führen zu einem steigenden Durchschnittsalter der Kunden und zu einem steigenden Anteil älterer Kunden. Analog dazu findet auch ein Wandel der Interessen und Anforderungen an die Privatbankiers statt. So nimmt die Bedeutung von Themen wie Altersvorsorge, Vermögensübertragung und Stiftungsgründung zu.[220]

In den kommenden Jahren wird das Volumen der Erbschaften weiter steigen. Bis 2020 wird es sich von 223 bis auf 330 Milliarden Euro erhöhen (siehe Anhang 27). Laut einer Studie der Postbank wird sich die Struktur der Höhe der Erbschaften verändern: Bis 2020 soll sich der Anteil der Erben mit einer Erbschaftshöhe von über 500.000 € verdoppeln (siehe Anhang 28).[221]

Es ist den Privatbankiers in den letzten Jahren kaum gelungen, das hohe Durchschnittsalter ihrer Kundschaft durch Gewinnung jüngerer Kunden und „neuen" Reichtums zu gewinnen. Das hohe Durchschnittsalter der Kunden birgt die Gefahr, dass das Vermögen bei Tod eines Kunden an andere Institutionen abwandert.[222]

Durch ein professionelle Nachfolge- und Erbschaftberatung kann dem Risiko des Vermögensabflusses entgegengewirkt und der Erbe auch in Zukunft für das Institut gewonnen werden.[223]

Ein großer Teil der Privatbankiers des Großgeschäfts hat diesen Trend bereits erkannt (siehe Anhang 29) und betreibt ein professionelle Erbschafts- und Stiftungsmanagement.

Ein besonders innovatives und kundenorientiertes Konzept verfolgt dabei das Bankhaus Hauck und Aufhäuser. So hat das Institut zusammen mit der INTES Akademie ein Ausbildungsprogramm namens „Financial Parenting" entwickelt. Dort werden die zukünftigen Erben auf den Umgang mit Vermögen und die Vermögensübernahme im Erbfall vorbereitet und gleichzeitig an das Bankhaus gebunden.[224]

---

[219] Vgl. Internet-Recherche vom 30.11.2011, http://www.handelsblatt.com/finanzen/fonds/nachrichten/finanzkrise-macht-die-reichen-misstrauischer/5878962.html?p5878962=all, Finanzkrise macht die Reichen misstrauischer.
[220] Vgl. Huth, Olaf: a.a.O., S. 261.
[221] Vgl. Meyer, Michael: Deutschland: Ein Volk von Erben, in: die bank 8/2011, S. 29 ff.
[222] Vgl. Faust, Martin: a.a.O., S. 19 f.
[223] Ehlerding, André/Lumma, Katrin: a.a.O., S. 36.
[224] Vgl. Internet-Recherche vom 03.01.2012, https://www.hauck-aufhaeuser.de/page/bhfinancialparenting, Financial Parenting.

5.7. Kooperation mit Retailbanken

Ein vielversprechendes Konzept für die Kooperation mit anderen Instituten hat die Berenberg Bank entwickelt. Das Bankhaus kooperiert mittlerweile mit etwa 100 Sparkassen im Bereich Vermögensverwaltung, wobei einige Sparkassen offen dafür werben (siehe Anhang 30) und andere die Berenberg-Produkte unter deren eigenen Namen anbieten. Von dieser Zusammenarbeit profitieren beide Partner. Die Berenberg Bank generiert vermögende Kunden durch den neuen Vertriebspartner. Die Sparkassen profitieren vom Image des Privatbankiers, sind in der Lage, ihren vermögenden Kunden eine unabhängige Beratung anzubieten und müssen selber keine Private Banking Abteilung betreiben.[225]

„Diese Institutsgruppe hat einen sehr guten Zugang zum Mittelstand. Und das ist für uns eine durchaus interessantes, da teilweise sehr vermögende Klientel. Die Sparkassen können durch diese Kooperation ihre Kunden an sich binden, da sie die komplexe Dienstleistung Private Banking zusammen mit einem ausgewiesenen Spezialisten anbieten." So der persönlich haftender Gesellschafter der Berenberg Bank, Hans-Walter Peters.[226]

Als weiterer Privatbankier hat Hauck & Aufhäuser angekündigt, Sparkassen als Partner in den nächsten Jahren gewinnen zu wollen.[227]

6. Zusammenfassung und Ausblick

Eine zentrale Erkenntnis des vorliegenden Buches besteht darin, dass in Deutschland in Abhängigkeit vom Kundenkreis zwei Arten von Privatbankiers existieren: Die Privatbankiers des Mengengeschäfts und die des Großgeschäfts.

Es ist eher unwahrscheinlich, dass die Privatbankiers des Mengengeschäfts langfristig gegen Großbanken, Genossenschaftsbanken und Sparkassen im breiten Massegeschäft bestehen können. Sie sind substantiell zu klein für den ökonomischen Betrieb dieses Geschäftsmodells.

Ihr Wettbewerbsvorteil, die Unabhängigkeit bei der Vermögensberatung, kann im Retailgeschäft aufgrund der geringen Akzeptanz dieses Segments nur bedingt durch Honorarberatung genutzt werden.

---

[225] Vgl. Internet-Recherche vom 05.12.2011, http://www.welt.de/print/wams/finanzen/article13737510/Alle-wollen-die-Superreichen.html, Kooperation mit Retailbanken.
[226] Wittkowski, Bernd: Wir wollen weiter Marktanteile gewinnen. Interview mit Hans-Walter Peters, in: Börsenzeitung Nr. 30, Sonderbeilage vom 13.02.2010, S. 1.
[227] Vgl. Internet-Recherche vom 05.12.2011, http://www.welt.de/print/wams/finanzen/article13737510/Alle-wollen-die-Superreichen.html, Kooperation mit Retailbanken.

Die Privatbankiers des Großgeschäfts verfolgen die Grundstrategie der Spezialisierung mit Differenzierungsschwerpunkt bzw. die Nischenstrategie nach Porter (siehe Anhang 31). Sie differenzieren in zweifacher Hinsicht: Die Bankhäuser konzentrieren sich auf das Kundensegment der vermögenden Privatkunden und verfügen entsprechend des Private Banking-Geschäftsmodells über ein enges und tiefes Leistungsprogramm.[228] Ihr Wettbewerbsvorteil liegt in der individuellen und qualitativ hochwertigen Betreuung.[229]

Die Perspektiven im Private Banking in Deutschland sind positiv: Die Zahl der vermögenden Privatpersonen steigt kontinuierlich an und Deutschland ist mit fast einer Million HNWIs der größte Private Banking-Markt Europas.

Im Zusammenhang mit der demographischen Entwicklung haben neben Produkten für Altersvorsorge auch Erbschaftsplanung und Nachlassmanagement als Dienstleistungen ein großes Potential.

Weitere Chancen für die Privatbankiers des Großgeschäfts ergeben sich aus dem Angebot von Zusatzleistungen im Rahmen einer umfassenden Betreuung vermögender Kunden. So können weitere Leistungen, die mit Finanzthemen in Verbindung stehen - z.B. Steuer- und Rechtsberatung - ergänzend angeboten werden.

Durch die Ausweitung der Produktpalette auf eigenkapitalunabhängig beratungs- und betreuungsintensive Finanzdienstleistungen des Private Bankings, können die steigenden Anforderungen an das Eigenkapital kompensiert werden.

Eigenkapitalintensive Geschäfte wie das Kreditgeschäft und das Investmentbanking werden immer mehr in den Hintergrund treten.

Die Verstärkte Nutzung von Dienstleistungen externer Anbieter und das Outsourcing von Abwicklungstätigkeiten versetzen die Bankiers in die Lage sich auf die Kernkompetenzen zu konzentrieren und zusätzlich Kosten zu senken.[230]

---

[228] Vgl. Swoboda, Uwe C.: Retail-Banking und Private Banking, a.a.O., S. 53; Lingel, Marcus: a.a.O., S. 137.
[229] Vgl. Partin, Karl-Michael: a.a.O, S. 133, 238 ff.; Ebhardt, Nicolàs: a.a.O., S. 170 f.
[230] Vgl. Faust, Martin: a.a.O., S. 19.

Wissenschaftlicher Anhang

Verzeichnis der Abbildungen im Anhang

Anhang 1: Eingruppierung der Einlagenkreditinstitute nach Bankengruppen IX
Anhang 2: Liste Privatbankiers Bundesverband deutscher Banken X
Anhang 3: Liste abhängiger (ehemaliger) Privatbankiers XI
Anhang 4: Liste unabhängiger Privatbankiers XII
Anhang 5: Kriterien zur typologischen Klassifizierung von Kreditinstituten XIII
Anhang 6: Geschäftsgebiet XIV
Anhang 7: Trägerschaft XIV
Anhang 8: Bilanzsummen XV
Anhang 9: Bilanzsummenvergleich mit Sparkasse XVI
Anhang 10: Typen von Privatbankiers XVII
Anhang 11: Privatbankiers des Mengengeschäfts XVII
Anhang 12: Privatbankiers des Großgeschäfts XVIII
Anhang 13: Segmentierungsgrenzen in der Praxis XVIII
Anhang 14: Produkte im Private Banking XIX
Anhang 15: Wertschöpfungsintensität und Größenvorteile XIX
Anhang 16: Wertschöpfungsmanagement XX
Anhang 17: Privatbilanz XXI
Anhang 18: Anbieter Family Office XXI
Anhang 19: Repräsentative Filiale XXII
Anhang 20: Kontaktformular XXIII
Anhang 21: Mitglieder Cash Pool XXIII
Anhang 22: Berenberg Polo-Derby XXIV
Anhang 23: Private Banking Anbieter XXV
Anhang 24: Basel III XXV
Anhang 25: Weltweite Entwicklung der HNWIs 2010 XXVI
Anhang 26: Entwicklung der HNWIs in Deutschland XXVI
Anhang 27: Erbschaften in Deutschland XXVII
Anhang 28: Höhe der Erbschaften in Deutschland XXVII
Anhang 29: Privatbankiers mit Erbschaftsmanagement XXVIII
Anhang 30: Kooperation mit Sparkasse Duisburg XXIX
Anhang 31: Wettbewerbsstrategien XXX

Anhang 1: Eingruppierung der Einlagenkreditinstitute nach Bankengruppen

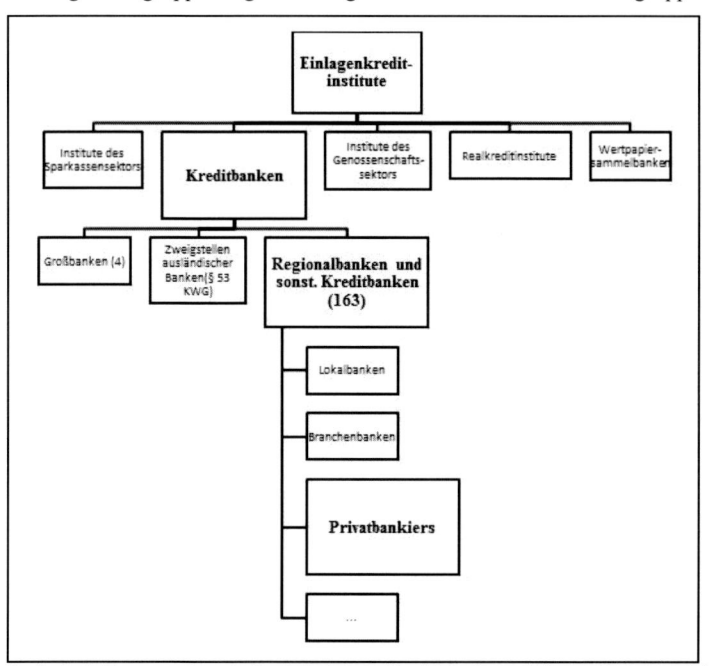

```
                          ┌─────────────────┐
                          │ Einlagenkredit- │
                          │    institute    │
                          └─────────────────┘
                                  │
        ┌──────────────┬──────────┴──────┬─────────────────┬──────────────┐
┌───────────────┐ ┌─────────────┐ ┌───────────────┐ ┌──────────────────┐ ┌──────────────┐
│ Institute des │ │ Kreditbanken│ │ Institute des │ │Realkreditinstitute│ │ Wertpapier-  │
│Sparkassensektors│ │             │ │Genossenschafts-│ │                  │ │sammelbanken  │
│               │ │             │ │   sektors     │ │                  │ │              │
└───────────────┘ └─────────────┘ └───────────────┘ └──────────────────┘ └──────────────┘
                        │
      ┌─────────────────┼─────────────────┐
┌───────────┐  ┌──────────────┐  ┌──────────────────┐
│Großbanken │  │ Zweigstellen │  │Regionalbanken und│
│    (4)    │  │ ausländischer│  │ sonst. Kreditbanken│
│           │  │ Banken(§ 53  │  │      (163)       │
│           │  │     KWG)     │  │                  │
└───────────┘  └──────────────┘  └──────────────────┘
                                          │
                                  ┌───────┼─────────┐
                                  │ ┌──────────────┐
                                  ├─│  Lokalbanken │
                                  │ └──────────────┘
                                  │ ┌──────────────┐
                                  ├─│Branchenbanken│
                                  │ └──────────────┘
                                  │ ┌──────────────┐
                                  ├─│ Privatbankiers│
                                  │ └──────────────┘
                                  │ ┌──────────────┐
                                  └─│      ...     │
                                    └──────────────┘
```

Quelle: In Anlehnung an Deutsche Bundesbank Zentralbereich Banken und Finanzaufsicht (Hrsg.): Verzeichnis der Kreditinstitute und ihrer Verbände sowie der Treuhänder für Kreditinstitute in der Bundesrepublik Deutschland. Bankgeschäftliche Informationen 2 2011, Frankfurt am Main 2010, S. 3 f.

Anhang 2: Liste Privatbankiers Bundesverband deutscher Banken

Joh. Berenberg, Gossler & Co. KG, Hamburg
Bankhaus Ellwanger & Geiger KG, Stuttgart
Bankhaus J. Faißt oHG, Wolfach
Bankhaus Max Flessa KG, Schweinfurt
Bankhaus Anton Hafner KG, Augsburg
W. Fortmann & Söhne KG, Oldenburg
Fürst Fugger Privatbank Kommanditgesellschaft, Augsburg
Gabler-Saliter Bankgeschäft Kommanditgesellschaft, Obergünzburg
Goyer & Göppel Kommanditgesellschaft, Hamburg
Hanseatic Bank GmbH & Co KG, Hamburg
Hauck & Aufhäuser Privatbankiers Kommanditgesellschaft auf Aktien, Frankfurt am Main
Bankhaus von der Heydt GmbH & Co. KG, München
Bankhaus Lampe KG, Bielefeld
Merck Finck & Co. oHG, München
B. Metzler seel. Sohn & Co. Kommanditgesellschaft auf Aktien, Frankfurt am Main
Münsterländische Bank Thie & Co. KG, Münster
North Channel Bank GmbH & Co. KG, Mainz
Sal. Oppenheim jr. & Cie. AG & Co. Kommanditgesellschaft auf Aktien, Köln
Bankhaus Carl F. Plump & Co. GmbH & Co. KG, Bremen
Bankhaus C. L. Seeliger Kommanditgesellschaft, Wolfenbüttel
Bankhaus Ludwig Sperrer KG, Freising
Max Heinr. Sutor OHG, Hamburg
VON ESSEN GmbH & Co. KG Bankgesellschaft, Essen
M.M.Warburg & CO Kommanditgesellschaft auf Aktien, Hamburg
Bankhaus Wölbern & Co. (AG & Co. KG), Hamburg

Quelle: In Anlehnung an Internet-Recherche vom 24.06.2011,
http://www.bankenverband.de/service/bankensuche/index_html/@@result?c=Privatbankiers, Liste Privatbankiers Bundesverband deutscher Banken; Internet-Recherche vom 24.06.2011, http://www.pruefungsverband-banken.de/download/PV_Mitgliederverzeichnis.pdf, Liste Privatbankiers Prüfungsverband deutscher Banken e. V.

Anhang 3: Liste abhängiger (ehemaliger) Privatbankiers

Institut	Eigentümer
Fürst Fugger Privatbank KG	Nürnberger Versicherungsgruppe 99 %
Münsterländische Bank Thie & Co. KG	OLB 100 %
W. Fortmann & Söhne KG	OLB 100 %
Merkur Bank KGaA	Familie Lingel 10 % 90 % börsennotiert
Merck Finck & Co. oHG	Kredietbank S.A. Luxembourgeoise
Bankhaus von der Heydt GmbH & Co. KG	Commerzbank
Bankhaus Wölbern & Co. (AG & Co. KG)	Zweckgesellschaft/Staat
Sal. Oppenheim jr. & Cie. AG & Co. KA	Deutsche Bank 100 %
VON ESSEN GmbH & Co. KG Bankgesellschaft	BNP Paribas 100 %
Hanseatic Bank GmbH & Co KG, Hamburg	SG Consumer Finance 75 % Otto (GmbH & Co KG) 25 %
Bankhaus August Lenz & Co. AG	Mediolanum-Gruppe 100 %
Bankhaus Bauer AG	Raiffeisenbank Reutte 100 %
Bankhaus Neelmeyer AG	Unicredit 100 %
Bankverein Werther AG	Börsennotiert
Delbrück Bethmann Maffei AG	ABN Amro 100 %
Donner & Reuschel AG	Signal Iduna 100 %
HSBC Trinkaus & Burkhardt AG	HSBC Holdings 80,4 %
Weberbank AG	Mittelbrandenburgische Sparkasse 100 %

Quelle: Eigene Erstellung.

Anhang 4: Liste unabhängiger Privatbankiers

Privatbankiers	Eigentümer
Bankhaus C.L. Seeliger	Familienbesitz 71,5 % Vereins- und Westbank 28,5 %
Bankhaus Ellwanger & Geiger KG	Privatinvestoren 52 % Landesbank Baden-Württemberg 48 %
Bankhaus Lampe	Rudolf-August Oetker 100 %
Bankhaus Ludwig Sperrer KG	Familienbesitz
Bankhaus Max Flessa KG	Familienbesitz
Gabler Saliter Bankgeschäft KG	Familienbesitz
Goyer & Göppel KG	Familienbesitz
Joh. Berenberg, Gossler & Co.	58 % Familienbesitz Reemtsma 15% Fürstenberg 15 % Compagnie du Bois Sauvage S.A 12 %
Bankhaus Anton Hafner KG	Familienbesitz
Hauck & Aufhäuser Privatbankiers KGaA	Privatinvestoren 100 %
Bankhaus J. Faißt oHG	Familienbesitz
Max Heinr. Sutor oHG	Familienbesitz
Bankhaus Rautenschlein GmbH	Familienbesitz
Bankhaus Werhahn GmbH	Familienbesitz
B. Metzler seel. Sohn & Co. Holding AG	Familienbesitz
Bankhaus E. Mayer	Familienbesitz
Bankhaus Gebr. Martin AG	Familienbesitz
Bankhaus Herzogpark AG	Privatinvestoren 100 %
Fürstlich Castell'sche Bank, Credit-Casse AG	Familie Castell 100 %
Gries & Heissel – Bankiers – AG	Privatinvestoren 100 %
Otto M. Schröder Bank AG	Familienbesitz
Bank Schilling & Co AG	Familienbesitz
M.M. Warburg & CO KGaA	Privatinvestoren 100 %
Bankhaus Carl F. Plump & Co. GmbH & Co. KG	Warburg 100 %
Bankhaus Hallbaum AG	Warburg 100%
Bankhaus Löbbecke AG	Warburg 100 %
MARCARD, STEIN & CO AG	Warburg 100 %
Schwäbische Bank AG	Warburg und Privatinvestoren

Quelle: Eigene Erstellung.

Anhang 5: Kriterien zur typologischen Klassifizierung von Kreditinstituten

Kriterium	Normaltyp	Sondertypen
Kundenkreis	(keine kundenausgerichtete Spezialisierung)	Sondertypen: 1. Zentralbank 2. Branchenbank 3. Ziekgruppenbank 4. Haus- und Konzernbank
Geschäftsgebiet	(die auf Inlandskundschaft ausgerichtete Bank) - entweder 1. überregionale Bank oder 2. Regionalbank oder 3. Lokalbank	1. Auslandsbank 2. Internationale Bank
Geschäftskreis	Universalbank (unterschiedliche Sortimente): 1. Monopolbank 2. Universalbank mit Geldemissionsrecht 3. Schweizer Universalbank 4. deutsche Universalbank 5. französich-belgische Universalbank 6. Angelsächsische Universalbank	Spezialbank (untergliedert nach Geschäften, z.B.): 1. Hypothekenbank 2. Diskonthaus 3. Pfandkreditinstitut 4. Wechsestube usw.
Trägerschaft	1. (einheimische Banken)	1. ausländische Bank (Foreign Bank)
	2. Privatbank entweder a) Bankier oder b) Aktienbank (Publikumsgesellschaft)	2a. Öffentliche Bank 2b. Genossenschaftsbank
	3. Abhängige Bank	
Bankgröße	Maggiore Banche, Grandi Banche, Medi Banche, Piccole Banche, Minori Banche	

Quelle: In Anlehnung an Hahn, Oswald: Struktur der Bankwirtschaft, Band 1, 2. Auflage, Berlin/Regensburg/Münster 1989, S. 266.

Anhang 6: Geschäftsgebiet

	Filialen	Bilanzsumme	Typ
Bankhaus Herzogpark AG	1	8.442.000 €	Lokalbank
Goyer & Göppel KG	1	9.690.000 €	Lokalbank
Bankhaus Rautenschlein GmbH	1	35.441.129 €	Lokalbank
Max Heinr. Sutor oHG	1	44.000.000 €	Lokalbank
Bankhaus J. Faißt oHG	4	50.000.000 €	Lokalbank
Gries & Heissel – Bankiers – AG	2	81.870.000 €	Lokalbank
Otto M. Schröder Bank AG	1	91.003.000 €	Lokalbank
Gabler Saliter Bankgeschäft KG	4	157.300.000 €	Lokalbank
Bankhaus E. Mayer	1	163.140.000 €	Lokalbank
Bankhaus Gebr. Martin AG	1	174.640.682 €	Lokalbank
Bankhaus Ludwig Sperrer KG	3	210.504.700 €	Lokalbank
Bankhaus C.L. Seeliger	1	428.955.933 €	Lokalbank
Bankhaus Werhahn GmbH	1	510.694.736 €	Lokalbank
Bankhaus Anton Hafner KG	3	626.438.774 €	Lokalbank
Bankhaus Ellwanger & Geiger KG	6	211.179.000 €	Großstädte
Fürstlich Castell'sche Bank, Credit-Casse	17	1.038.554.170 €	Regionalbank, Großstädte
Bank Schilling & Co AG	19	1.181.000.000 €	Regionalbank
Bankhaus Max Flessa KG	28	1.855.067.964 €	Regionalbank
Bankhaus Lampe	12	3.139.000.000 €	Regionalbank, Großstädte
Hauck & Aufhäuser Privatbankiers KGaA	5	3.228.273.907 €	Großstädte
Joh. Berenberg. Gossler & Co.	18	3.242.000.000 €	Regionalbank
B. Metzler seel. Sohn & Co. KGaA	10	3.742.204.558 €	Regionalbank
M.M. Warburg & CO KGaA	27	8.008.000.000 €	Regionalbank

Quelle: Eigene Erstellung.

Anhang 7: Trägerschaft

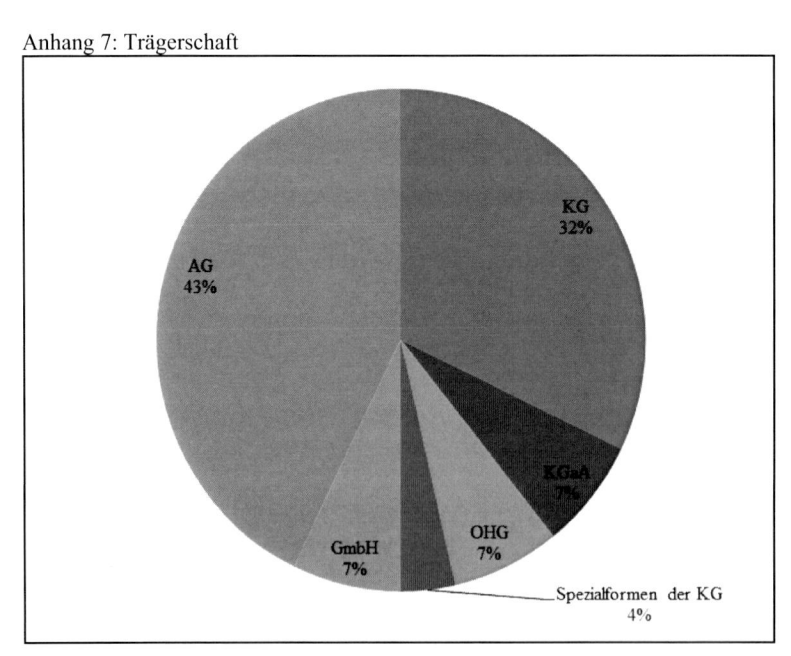

KG 32%
AG 43%
KGaA 7%
OHG 7%
GmbH 7%
Spezialformen der KG 4%

Quelle: Eigene Erstellung.

Anhang 8: Bilanzsummen

Bankhaus Herzogpark AG	8.442.000 €
Goyer & Göppel KG	9.690.000 €
Bankhaus Rautenschlein GmbH	35.441.129 €
Max Heinr. Sutor oHG	44.000.000 €
Bankhaus J. Faißt oHG	50.000.000 €
Gries & Heissel – Bankiers – AG	81.870.000 €
Otto M. Schröder Bank Aktiengesellschaft	91.003.000 €
Gabler Saliter Bankgeschäft KG	157.300.000 €
Bankhaus E. Mayer	163.140.000 €
Bankhaus Gebr. Martin Aktiengesellschaft	174.640.682 €
Bankhaus Ludwig Sperrer KG	210.504.700 €
Bankhaus Ellwanger & Geiger KG	211.179.000 €
Bankhaus C.L. Seeliger	428.955.933 €
Bankhaus Werhahn GmbH	510.694.736 €
Bankhaus Anton Hafner KG	626.438.774 €
Fürstlich Castell'sche Bank, Credit-Casse Aktiengesellschaft	1.038.554.170 €
Bank Schilling & Co Aktiengesellschaft	1.181.000.000 €
Bankhaus Max Flessa KG	1.855.067.964 €
Bankhaus Lampe	3.139.000.000 €
Hauck & Aufhäuser Privatbankiers KGaA	3.228.273.907 €
Joh. Berenberg, Gossler & Co.	3.242.000.000 €
B. Metzler seel. Sohn & Co. Kommanditgesellschaft auf Aktien	3.742.204.558 €
M.M. Warburg & CO Kommanditgesellschaft auf Aktien	8.008.000.000 €
Bilanzsumme gesamt	28.237.400.553 €
Ø Bilanzsumme	1.227.713.068 €

Quelle: Eigene Erstellung.

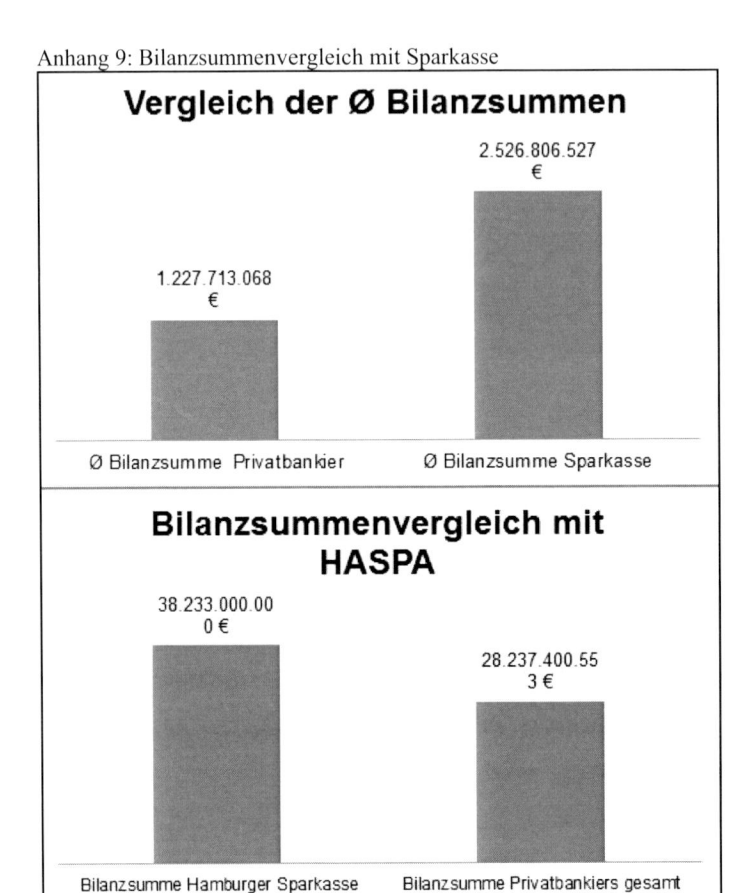

Anhang 9: Bilanzsummenvergleich mit Sparkasse

Vergleich der Ø Bilanzsummen

- Ø Bilanzsumme Privatbankier: 1.227.713.068 €
- Ø Bilanzsumme Sparkasse: 2.526.806.527 €

Bilanzsummenvergleich mit HASPA

- Bilanzsumme Hamburger Sparkasse: 38.233.000.000 €
- Bilanzsumme Privatbankiers gesamt: 28.237.400.553 €

Quelle: Eigene Erstellung.

Anhang 10: Typen von Privatbankiers

```
                    ┌─────────────────┐
                    │  Privatbankiers │
                    └────────┬────────┘
              ┌──────────────┴──────────────┐
    ┌─────────┴─────────┐         ┌─────────┴─────────┐
    │   Privatbankiers  │         │   Privatbankiers  │
    │        des        │         │        des        │
    │   Mengengeschäfts │         │    Großgeschäfts  │
    └───────────────────┘         └───────────────────┘
```

Bankhaus Rautenschlein GmbH	Goyer & Göppel KG
Otto M. Schröder Bank Aktiengesellschaft	Gries & Heissel – Bankiers – AG
Bankhaus E. Mayer	Max Heinr. Sutor oHG
Bankhaus Gebr. Martin Aktiengesellschaft	Bankhaus Ellwanger & Geiger KG
Bankhaus Ludwig Sperrer KG	Bankhaus C.L. Seeliger
Bankhaus J. Faißt oHG	Fürstlich Castell'sche Bank, Credit-Casse AG
Bankhaus Werhahn GmbH	Bank Schilling & Co Aktiengesellschaft
Bankhaus Anton Hafner KG	B. Metzler seel. Sohn & Co. KGaA
Bankhaus Max Flessa KG	Bankhaus Lampe
	Hauck & Aufhäuser Privatbankiers KGaA
	Joh. Berenberg, Gossler & Co.
	M.M. Warburg & CO KGaA
	Bankhaus Herzogpark AG
	Gabler Saliter Bankgeschäft KG

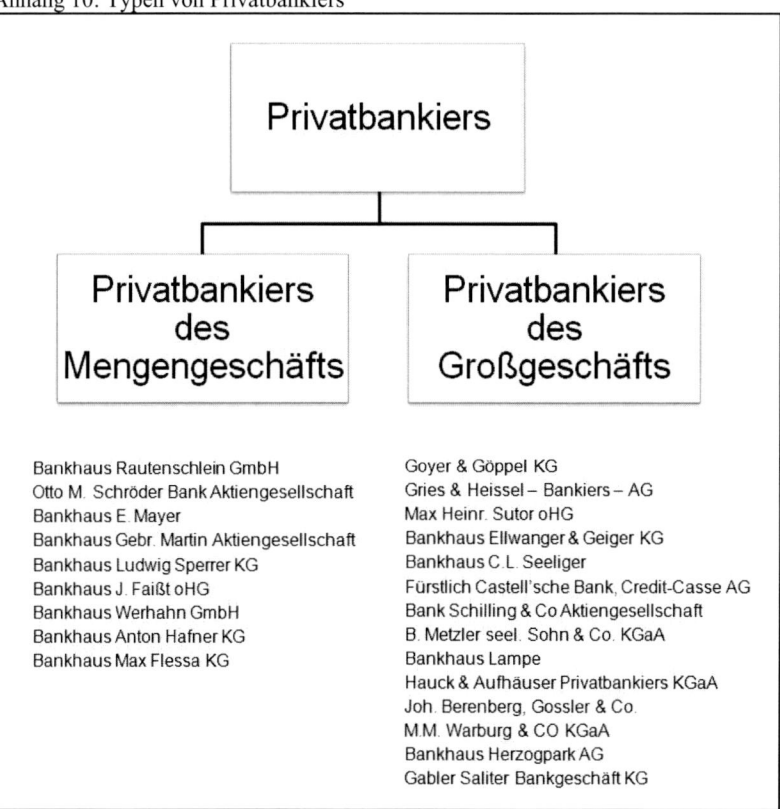

Quelle: Eigene Erstellung.

Anhang 11: Privatbankiers des Mengengeschäfts

	Anzahl Filialen	Bilanzsumme
Bankhaus Rautenschlein GmbH	1	35.441.129 €
Bankhaus J. Faißt oHG	4	50.000.000 €
Otto M. Schröder Bank Aktiengesellschaft	1	91.003.000 €
Bankhaus E. Mayer	1	163.140.000 €
Bankhaus Gebr. Martin Aktiengesellschaft	1	174.640.682 €
Bankhaus Ludwig Sperrer KG	3	210.504.700 €
Bankhaus Werhahn GmbH	1	510.694.736 €
Bankhaus Anton Hafner KG	3	626.438.774 €
Bankhaus Max Flessa KG	28	1.855.067.964 €

Quelle: Eigene Erstellung.

Anhang 12: Privatbankiers des Großgeschäfts

	Anzahl Filialen	Bilanzsumme
Goyer & Göppel KG	1	969.000 €
Bankhaus Herzogpark AG	1	8.442.000 €
Max Heinr. Sutor oHG	1	44.000.000 €
Gries & Heissel – Bankiers – AG	2	81.870.000 €
Gabler Saliter Bankgeschäft KG	4	157.300.000 €
Bankhaus Ellwanger & Geiger KG	6	211.197.000 €
Bankhaus C.L. Seeliger	1	428.955.933 €
Fürstlich Castell'sche Bank, Credit-Casse AG	17	1.038.554.170 €
Bank Schilling & Co Aktiengesellschaft	19	1.181.000.000 €
Bankhaus Lampe	12	3.139.000.000 €
Hauck & Aufhäuser Privatbankiers KGaA	5	3.228.273.907 €
Joh. Berenberg, Gossler & Co.	18	3.242.000.000 €
B. Metzler seel. Sohn & Co. KGaA	10	3.742.204.558 €
M.M. Warburg & CO KGaA	27	8.008.000.000 €

Quelle: Eigene Erstellung.

Anhang 13: Segmentierungsgrenzen in der Praxis

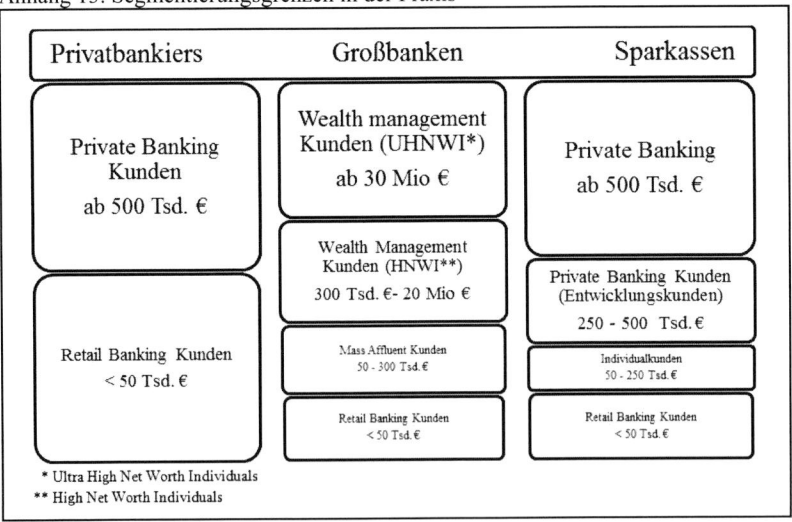

Privatbankiers	Großbanken	Sparkassen
Private Banking Kunden ab 500 Tsd. €	Wealth management Kunden (UHNWI*) ab 30 Mio €	Private Banking ab 500 Tsd. €
	Wealth Management Kunden (HNWI**) 300 Tsd. €- 20 Mio €	Private Banking Kunden (Entwicklungskunden) 250 - 500 Tsd. €
Retail Banking Kunden < 50 Tsd. €	Mass Affluent Kunden 50 - 300 Tsd. €	Individualkunden 50 - 250 Tsd. €
	Retail Banking Kunden < 50 Tsd. €	Retail Banking Kunden < 50 Tsd. €

* Ultra High Net Worth Individuals
** High Net Worth Individuals

Quelle: In Anlehnung an Schulze, Michael: Private Banking. Strategien zur Markterschließung, Stuttgart 2009, S. 14.

Anhang 14: Produkte im Private Banking

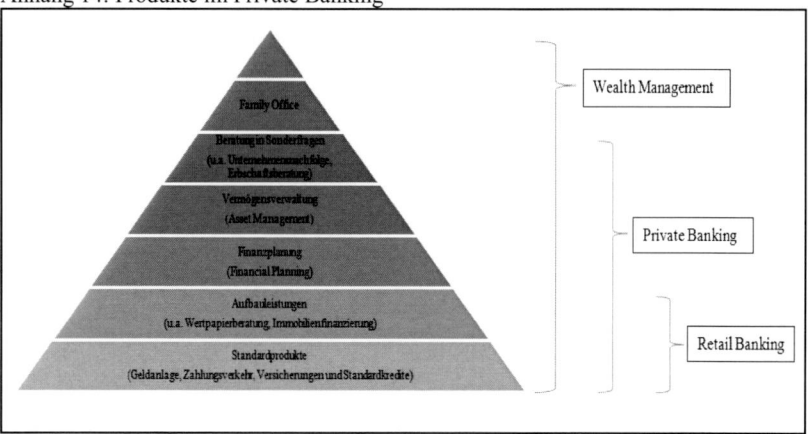

Pyramide (von oben nach unten):
- Family Office — Wealth Management
- Beratung in Sonderfragen (u.a. Unternehmensnachfolge, Erbschaftsberatung)
- Vermögensverwaltung (Asset Management) — Private Banking
- Finanzplanung (Financial Planning)
- Aufbauleistungen (u.a. Wertpapierberatung, Immobilienfinanzierung)
- Standardprodukte (Geldanlage, Zahlungsverkehr, Versicherungen und Standardkredite) — Retail Banking

Quelle: Faust, Martin: Leistungsangebot und Wettbewerbssituation im Private Banking und Wealthmanagement, in: Brost, Heike/Faust, Martin (Hrsg.): Private Banking und Wealth Management, München 2006, S. 15.

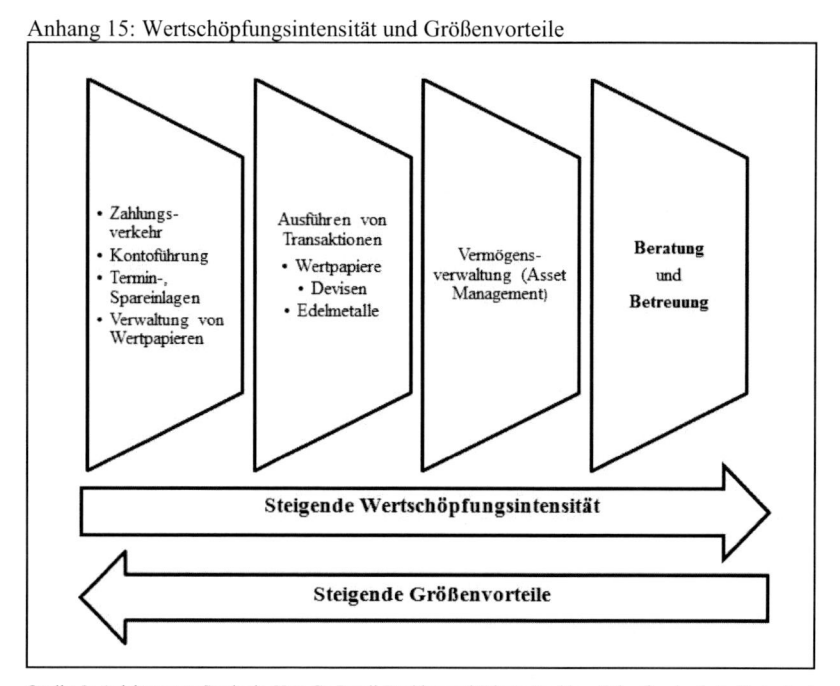

Anhang 15: Wertschöpfungsintensität und Größenvorteile

- Zahlungsverkehr
- Kontoführung
- Termin-, Spareinlagen
- Verwaltung von Wertpapieren

Ausführen von Transaktionen
- Wertpapiere
- Devisen
- Edelmetalle

Vermögensverwaltung (Asset Management)

Beratung und Betreuung

→ Steigende Wertschöpfungsintensität

← Steigende Größenvorteile

Quelle: In Anlehnung an Swoboda, Uwe C.: Retail-Banking und Private Banking. Zukunftsorientierte Strategien im Privatkundengeschäft, 3. Auflage, Frankfurt am Main 2004, S. 324.

Anhang 16: Wertschöpfungsmanagement

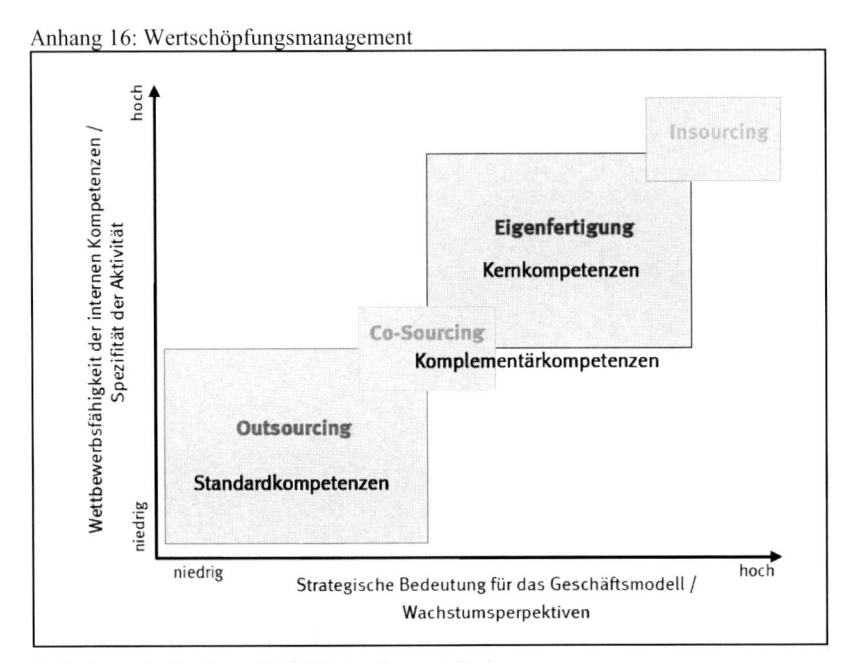

Quelle: Internet-Recherche vom 31.10.2011, http://www.wiwi.uni-muenster.de/06//nd/fileadmin/wpg/ws0607/material/wiedemann.pdf, Wertschöpfungsmanagement.

Anhang 17: Privatbilanz

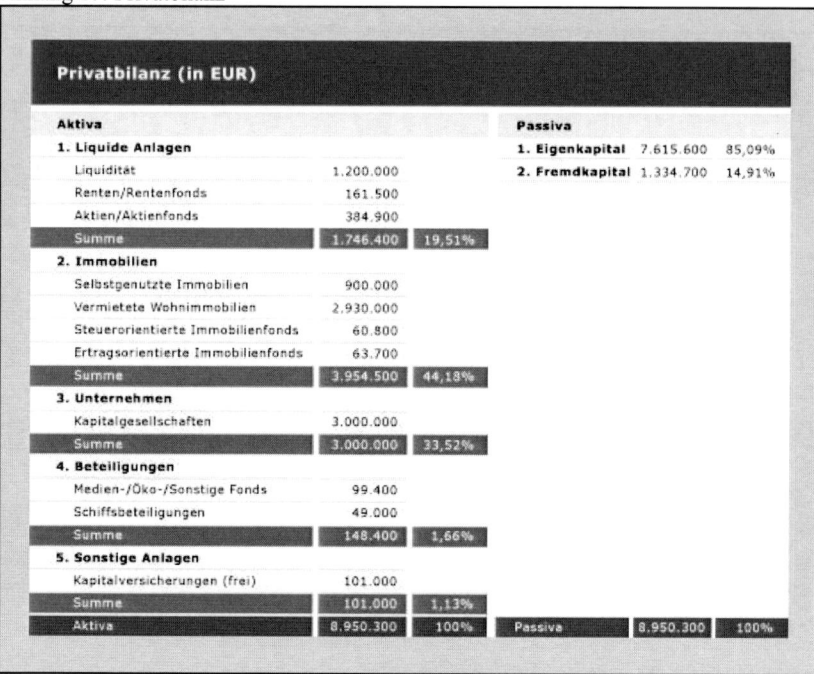

Privatbilanz (in EUR)				
Aktiva			**Passiva**	
1. Liquide Anlagen			1. Eigenkapital 7.615.600	85,09%
Liquidität	1.200.000		2. Fremdkapital 1.334.700	14,91%
Renten/Rentenfonds	161.500			
Aktien/Aktienfonds	384.900			
Summe	1.746.400	19,51%		
2. Immobilien				
Selbstgenutzte Immobilien	900.000			
Vermietete Wohnimmobilien	2.930.000			
Steuerorientierte Immobilienfonds	60.800			
Ertragsorientierte Immobilienfonds	63.700			
Summe	3.954.500	44,18%		
3. Unternehmen				
Kapitalgesellschaften	3.000.000			
Summe	3.000.000	33,52%		
4. Beteiligungen				
Medien-/Öko-/Sonstige Fonds	99.400			
Schiffsbeteiligungen	49.000			
Summe	148.400	1,66%		
5. Sonstige Anlagen				
Kapitalversicherungen (frei)	101.000			
Summe	101.000	1,13%		
Aktiva	**8.950.300**	**100%**	**Passiva** **8.950.300**	**100%**

Quelle: Internet-Recherche vom 27.10.2011, http://www.hafc.de/page/privatbilanz, Privatbilanz.

Anhang 18: Anbieter Family Office

Anbieter	Tochterunternehmen
Bankhaus Lampe	Lampe Vermögenstreuhand GmbH
Joh. Berenberg, Gossler & Co.	Consilisto - Berenberg Privat Treuhand GmbH
M.M. Warburg & CO KGaA	MARCARD, STEIN & CO AG
Hauck & Aufhäuser Privatbankiers KGaA	Hauck & Aufhäuser Finance Consulting GmbH
Bankhaus Herzogpark AG	-

Quelle: Eigene Erstellung.

Anhang 19: Repräsentative Filiale

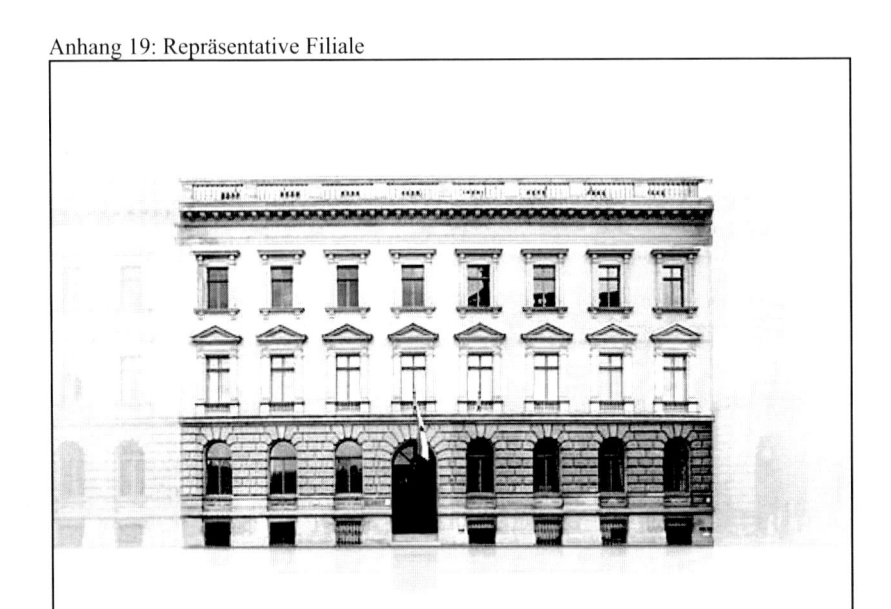

Quelle: Internet-Recherche vom 27.10.2011, http://www.bankhaus-loebbecke.de/, Repräsentative Filiale.

Anhang 20: Kontaktformular

Quelle: Internet-Recherche vom 27.10.2011, http://www.mmwarburg.de/de/footer/kontakt.html, Kontaktformular.

Anhang 21: Mitglieder Cash Pool

Bankhaus Anton Hafner KG, Augsburg
Bankhaus C. L. Seeliger, Wolfenbüttel
Bankhaus E. Mayer AG, Freiburg im Breisgau
Bankhaus Gebr. Martin AG, Göppingen
Bankhaus J. Faisst OHG, Wolfach
Bankhaus Ludwig Sperrer KG, Freising
Bankhaus Max Flessa KG, Schweinfurt
Bank Schilling & Co. AG, Hammelburg
Fürstlich Castell'sche Bank, Credit-Casse AG, Würzburg
Gabler-Saliter Bankgeschäft KG, Obergünzburg
Joh. Berenberg, Gossler & Co. KG, Ha

Quelle: Eigene Erstellung.

Anhang 22: Berenberg Polo-Derby

Quelle: Internet-Recherche vom 30.10.2011, http://www.berenberg.de/fileadmin/assets/jpg/Polo/berenberg-polo-derby-hamburg-2011.pdf, Berenberg Polo-Derby.

Anhang 23: Private Banking Anbieter

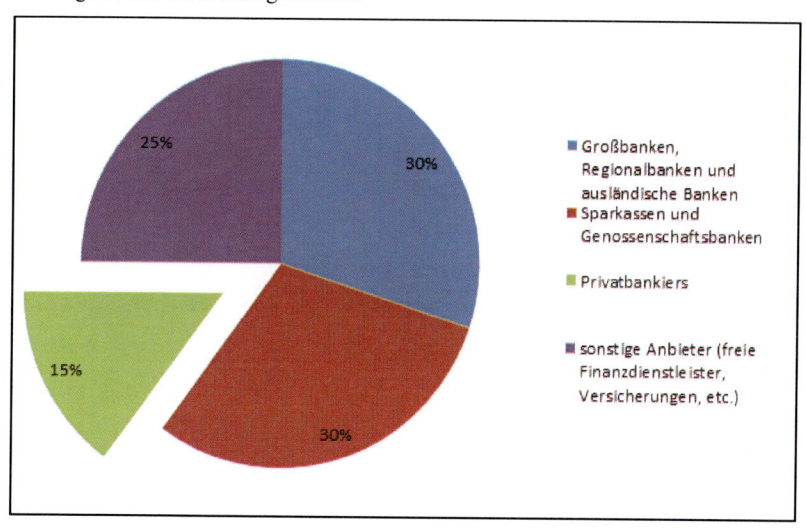

Quelle: In Anlehnung an Zenz-Spitzweg, Patrick: Die Wahl des Anbieters im Private Banking. Eine Analyse der Wirkung der Determinanten von Premiummarken im Hinblick auf den Kaufentscheid im deutsche Private Banking, in: Zerres, Michael: Hamburger Schriften zur Marketingforschung, Band 50, München, Mering 2007, S. 50.

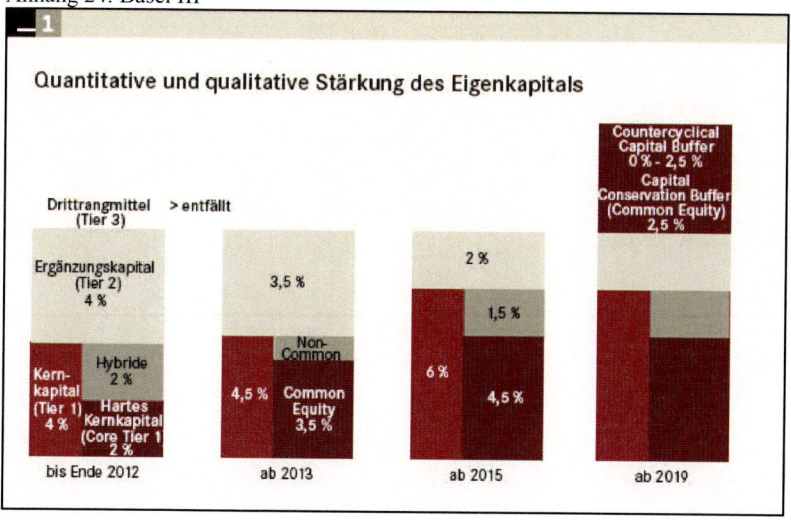

Anhang 24: Basel III

Quelle: Internet-Recherche vom 30.12.2011, http://www.die-bank.de/betriebswirtschaft/images/052011/bw052011-02-01.gif, Grafik Basel 3.

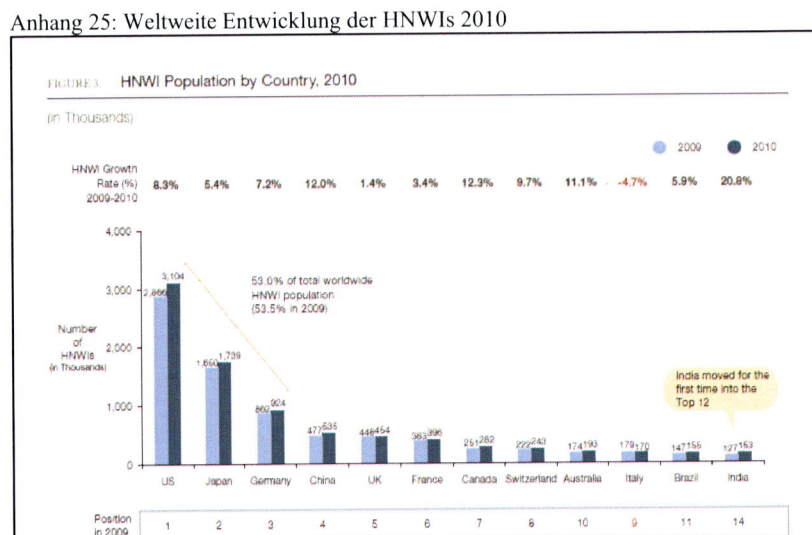

Anhang 25: Weltweite Entwicklung der HNWIs 2010

Quelle: Merrill Lynch Global Wealth Management/Capgemini (Hrsg.): 2011 World Wealth Report, New York/Paris 2011, S. 7.

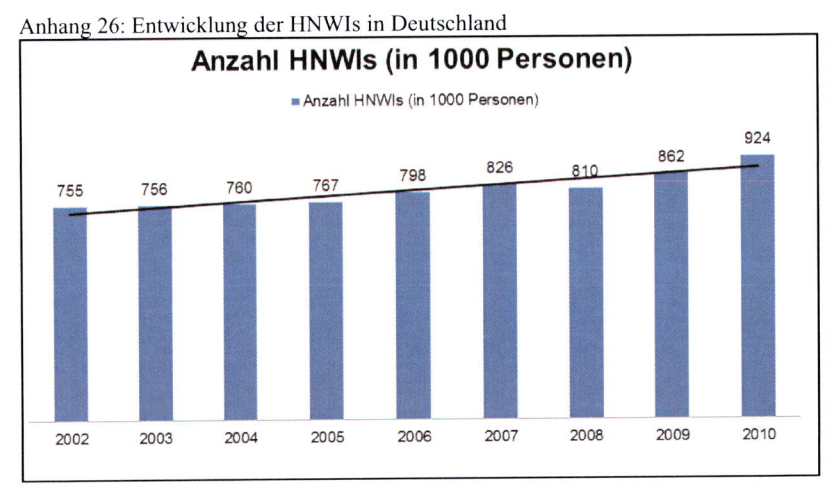

Anhang 26: Entwicklung der HNWIs in Deutschland

Quelle: In Anlehnung an Merrill Lynch Global Wealth Management/Capgemini (Hrsg.): 2011 World Wealth Report, New York/Paris 2011, S. 7; Merrill Lynch Global Wealth Management/Capgemini (Hrsg.): 2010 World Wealth Report, New York/Paris 2010, S. 6; Merrill Lynch Global Wealth Management/Capgemini (Hrsg.): 2008 World Wealth Report, New York/Paris 2008, S. 35; Merrill Lynch Global Wealth Management/Capgemini (Hrsg.): 2007 World Wealth Report, New York/Paris 2007, S. 31; Merrill Lynch Global Wealth Management/Capgemini (Hrsg.): 2006 World Wealth Report, New York/Paris 2006, S. 31; Schulze, Michael: Private Banking. Strategien zur Markterschließung, Stuttgart 2009, S. 19.

Anhang 27: Erbschaften in Deutschland

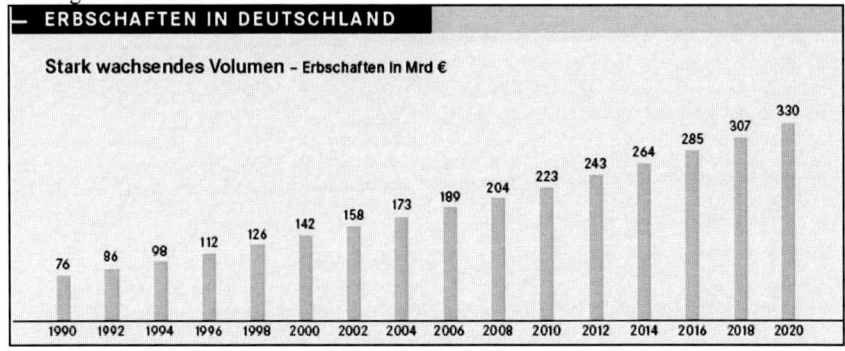

ERBSCHAFTEN IN DEUTSCHLAND

Stark wachsendes Volumen – Erbschaften in Mrd €

Jahr	1990	1992	1994	1996	1998	2000	2002	2004	2006	2008	2010	2012	2014	2016	2018	2020
Mrd €	76	86	98	112	126	142	158	173	189	204	223	243	264	285	307	330

Quelle: Meyer, Michael: Deutschland: Ein Volk von Erben, in: die bank 8/2011, S. 29.

Anhang 28: Höhe der Erbschaften in Deutschland

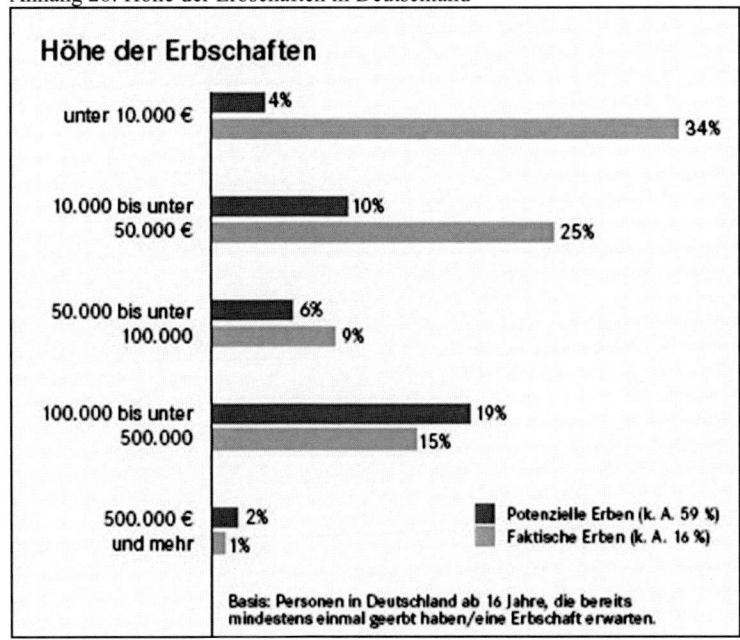

Höhe der Erbschaften

Höhe	Potenzielle Erben (k. A. 59 %)	Faktische Erben (k. A. 16 %)
unter 10.000 €	4%	34%
10.000 bis unter 50.000 €	10%	25%
50.000 bis unter 100.000	6%	9%
100.000 bis unter 500.000	19%	15%
500.000 € und mehr	2%	1%

Basis: Personen in Deutschland ab 16 Jahre, die bereits mindestens einmal geerbt haben/eine Erbschaft erwarten.

Quelle: Meyer, Michael: Deutschland: Ein Volk von Erben, in: die bank 8/2011, S. 31.

Anhang 29: Privatbankiers mit Erbschaftsmanagement

Privatbenkiers des Großgeschäfts mit Erbschaftsmanagement
Max Heinr. Sutor oHG
Bankhaus Ellwanger & Geiger KG
Bank Schilling & Co Aktiengesellschaft
B. Metzler seel. Sohn & Co. KGaA
Bankhaus Lampe
Hauck & Aufhäuser Privatbankiers KGaA
Joh. Berenberg, Gossler & Co.
M.M. Warburg & CO KGaA
Gabler Saliter Bankgeschäft KG
Privatbenkiers des Großgeschäfts ohne Erbschaftsmanagement
Goyer & Göppel KG
Gries & Heissel – Bankiers – AG
Bankhaus C.L. Seeliger
Fürstlich Castell'sche Bank, Credit-Casse AG
Bankhaus Herzogpark AG

Quelle: Eigene Erstellung.

Anhang 30: Kooperation mit Sparkasse Duisburg

Sparkasse Duisburg

BERENBERG BANK
Joh. Berenberg, Gossler & Co. KG

Vermögensverwaltung

Private Banking

Quelle: Internet-Recherche vom 05.01.2012, https://www.sparkasse-duisburg.de/pdf/privatebanking/berenberg_broschuere.pdf, Kooperation mit Sparkasse Duisburg

Anhang 31: Wettbewerbsstrategien

	Leistungsvorteil	Kostenvorteil
	Differenzierungsstrategie	
alle Privatkunden	Anstreben einer Qualitätsführerschaft	Anstreben einer Kostenführerschaft
einzelne Kundensegmente	Anstreben einer Qualitätsführerschaft in einem/wenigen Segment/en	Anstreben einer Kostenführerschaft in einem/wenigen Segment/en
	Konzentrationsstrategie	

Kundengruppen

Quelle: In Anlehnung an Porter, Michael Eugene: Wettbewerbsstrategie, 7. Auflage, Frankfurt am Main 1992, S. 55; Swoboda, Uwe C.: Retail-Banking und Private Banking. Zukunftsorientierte Strategien im Privatkundengeschäft, 3. Auflage, Frankfurt am Main 2004, S. 168.

Literaturverzeichnis

Becker, Paul Hans/Peppmeier, Arno: Bankbetriebslehre, 8. Auflage, Herne 2011

Börner, Christoph: Strategisches Bankmanagement: ressourcen- und marktorientierte Strategien von Universalbanken, München/Oldenbourg/Wien 2000

Brost, Heike/Faust, Martin (Hrsg.): Private Banking und Wealth Management, München 2006

Brost, Heike: Standardisierung versus individuelle Fertigung im Private Banking, in: Brost, Heike/Faust, Martin (Hrsg.): Private Banking und Wealth Management, München 2006, S. 231-243

Bundesgesetz über die Banken und Sparkassen (Bankengesetz, BankG) vom 8. November 1934, Stand am 1. Januar 2011

Bundesverband deutscher Banken: Satzung, Berlin 2008

Büschgen, Hans Egon: Bankbetriebslehre. Bankgeschäfte und Bankmanagement, 5. Auflage, Wiesbaden 1998

Büschgen, Hans Egon/Börner, Christoph J.: Bankbetriebslehre, 4. Auflage, Stuttgart 2003

Büschgen, Hans Egon/Börner, Christoph, J.: Bankbetriebslehre, in: Bea, Franz Xaver/Dichtl, Erwin/Schweitzer, Marcell (Hrsg.): Grundwissen der Ökonomik. Betriebswirtschaftslehre, 4. Auflage, Stuttgart 2003

Der Wissenschaftliche Beirat des Instituts für bankhistorische Forschung e.V. (Hrsg.): Bankhistorisches Archiv. Zeitschrift zur Bankgeschichte. Der Privatbankier. Nischenstrategien in Geschichte und Gegenwart, Beiheft 41, Stuttgart 2003

Deutsche Bundesbank: Die Stellung der Privatbankiers im deutschen Kreditgewerbe, in: Monatsbericht November1961, Frankfurt am Main 1961

Deutsche Bundesbank: Bankenstatistik Januar 2011. Statistisches Beiheft zum Monatsbericht 1, Frankfurt am Main 2011

Deutsche Bundesbank Zentralbereich Banken und Finanzaufsicht: Verzeichnis der Kreditinstitute und ihrer Verbände sowie der Treuhänder für Kreditinstitute in der Bundesrepublik Deutschland. Bankgeschäftliche Informationen 2 2011, Frankfurt am Main 2010

Ebhardt, Nicolàs: Privatbankiers im Elektronischen Markt. Herausforderungen und Strategien, in: Roland Berger Strategy Consultants – Academic Network (Hrsg.): Schriften zum Europäischen Management, Diss. Eichstätt 2003

Echter, J. Konstantin: Hedgefonds-Investments im Private Banking: Eine empirische Analyse des deutschen Marktes, Diss. Augsburg 2008

Ehlerding, André/Lumma, Katrin: Private Banking in Deutschland – Chancen und Erfolgsfaktoren in einem Wachstumsmarkt, in: Brost, Heike/Faust, Martin (Hrsg.): Private Banking und Wealth Management, München 2006, S. 29-54

Eichhorn, Franz-Josef: Die Renaissance der Privatbankiers, Wiesbaden 1996

Eichhorn, Franz-Josef: Relevante Wettbewerbsfaktoren für Privatbankiers – eine Analyse und Prognose, in: Eichhorn, Franz-Josef: Die Renaissance der Privatbankiers, Wiesbaden 1996, S. 11-34

Europäische Kommission: Die neue KMU-Definition. Benutzerhandbuch und Mustererklärung, Europäische Gemeinschaften 2006

Faßbender, Miriam: Honorarberatung im Private Banking. Traditionelle und alternative Preismodelle im direkten Vergleich, Hamburg 2010

Faust, Martin: Leistungsangebot und Wettbewerbssituation im Private Banking und Wealthmanagement, in: Brost, Heike/Faust, Martin (Hrsg.): Private Banking und Wealth Management, München 2006, S. 3-28

Gulich, Nicole: Strategische Erfolgsfaktoren im Privatkundengeschäft von Banken. Identifikation von best-practice-Lösungen, in: Kramer, Jost W./et al. (Hrsg.): Wismarer Schriften zu Management und Recht, Band 15, Bremen 2008

Hampel, Marcus/Kühn, Ilmhart-Wolfram: Das Private Wealth Banking profitabel gestalten, in: die Bank 01/2011, S. 18-21

Heinneccius, Jens: Financial Planning im Private Banking, in: Krauss, J. Peter (Hrsg.): Neue Kunden mit Financial Planning. Strategien für die erfolgreiche Finanz- und Vermögensberatung: Kundenorientierte Strategie in der Vermögensberatung, Wiesbaden 2003, S. 95-130

Horn, Carsten: Qualitätsmessung im Private Banking. Eine Analyse der Dienstleistungsqualität und deren Auswirkungen, Diss., Köln 2009

Howald, Bettina: Kundenwert im Private Banking. Eine Analyse der Einflussfaktoren und der Wirkungszusammenhänge, Bern/Stuttgart/Wien 2007

Huth, Olaf: Marketing von Private-Banking-Dienstleistungen, in: Brost, Heike/Faust, Martin (Hrsg.): Private Banking und Wealth Management, München 2006, S. 259-272

Kaserer, Christoph/Berner, Marlise: Die Entwicklung der Privatbankiers in Deutschland seit dem zweiten Weltkrieg im Lichte geschäftspolitischer und aufsichtsrechtlicher Tendenzen, in: Der Wissenschaftliche Beirat des Instituts für bankhistorische Forschung e.V. (Hrsg.): Bankhistorisches Archiv. Zeitschrift zur Bankgeschichte. Der Privatbankier. Nischenstrategien in Geschichte und Gegenwart, Beiheft 41, Stuttgart 2003, S. 67-89

Krauss, J. Peter (Hrsg.): Neue Kunden mit Financial Planning. Strategien für die erfolgreiche Finanz- und Vermögensberatung: Kundenorientierte Strategie in der Vermögensberatung, Wiesbaden 2003

Krume, Michael/von Schulenburg: Das Family Office als Bestandteil des Private Banking, in: Brost, Heike/Faust, Martin (Hrsg.): Private Banking und Wealth Management, München 2006, S. 391-403

Kruschev, Wesselin: Vermögensverwaltung in: Brost, Heike/Faust, Martin (Hrsg.): Private Banking und Wealth Management, München 2006, S. 427-457

Lingel, Marcus: Zukünftige Wettbewerbsstrategien deutscher Privatbankiers, in: Europäische Hochschulschriften (Hrsg.): Reihe 5, Volks- und Betriebswirtschaft, Band 2978, Diss. Berlin, Bern, Brüssel, Frankfurt am Main, New York, Oxford, Wien 2003

Meeder, Christian: Die Bedeutung des deutschen Privatbankiers und seine Zukunftsaussichten, in: Europäische Hochschulschriften (Hrsg.): Reihe 5, Volks- und Betriebswirtschaft, Band 962, Diss. Bern, Frankfurt am Main, New York, Paris 1989

Meiers, Benjamin/Schilling, Christian/Baedorf, Katrin: Grundlagen des Privat Banking – Akteure und Geschäftsmodelle, in: Rudolf, Markus/Baedorf, Katrin (Hrsg.): Private Banking, 2. Auflage, Frankfurt 2011, S. 19-55

Merrill Lynch Global Wealth Management/Capgemini (Hrsg.): 2011 World Wealth Report, New York/Paris 2011

Merrill Lynch Global Wealth Management/Capgemini (Hrsg.): 2010 World Wealth Report, New York/Paris 2010

Merrill Lynch Global Wealth Management/Capgemini (Hrsg.): 2008 World Wealth Report, New York/Paris 2008

Merrill Lynch Global Wealth Management/Capgemini (Hrsg.): 2007 World Wealth Report, New York/Paris 2007

Merrill Lynch Global Wealth Management/Capgemini (Hrsg.): 2006 World Wealth Report, New York/Paris 2006

Meyer, Kersten Martin: Die wachsende Bedeutung der Privatbankiers im 21. Jahrhundert, Berlin 2006

Meyer, Michael: Deutschland: Ein Volk von Erben, in: die bank 8/2011, S. 28-33

Moormann, Jürgen/Fischer, Thomas (Hrsg.): Handbuch Informationstechnologie in Banken, Wiesbaden 1999

Nigsch, Marco: Das Wealth-Management-Team in der Kundenbetreuung. Eine Analyse am Beispiel einer Schweizer Großbank, Diss. Linz 2010

Nirschl, Marco/Schimmer, Markus/Wild, Oliver/Wimmer, Andreas: Vertriebsstrategien im Retail Banking. Positionierungsansätze und Konzepte für deren erfolgreiche Umsetzung, Regensburg 2004

Nolte, Wolfram: Vom Kreditinstitut zur Investment Bank, in: in: Eichhorn, Franz-Josef: Die Renaissance der Privatbankiers, Wiesbaden 1996, S 65-78

NN: Keine Mehrheit für Honorarberatung. Finanzcheck eher noch seltener, in: die bank 12/2010, S. 22

NN: Private Wealth Banking. Kundenbedarf umfassend bedienen, in: die bank 7/2011, S. 34

NN: Deutscher Private-Banking-Markt. Volumina und Margen gesunken, in: die bank 3/2010, S. 28

NN: Deutschland. Anbieter im Überblick, in: Vielhaber, Ralf (Hrsg.): Handbuch Wealth Management. Das Kompendium für den deutschsprachigen Raum, Wiesbaden 2008, S. 43-130

Olearius, Christian: Vielfalt sichert die Zukunft. Unabhängige Privatbanken, in: die bank 4/2011, S. 42-46

Partin, Karl-Michael: Privatbankiers in Europa, Aachen 1995

Porter, Michael Eugene: Wettbewerbsstrategie, 7. Auflage, Frankfurt am Main 1992

Prüfverband deutscher Banken e.V: Satzung, Köln 2009

Putz, Alexander: Retention Marketing im Private Banking: Theoretische und empirische Analyse des Kundenbindungsmarketing im österreichischen Private Banking, Wien 2002, S. 88

Rahn, Christian: Wie viel Industrialisierung braucht das Private Banking?, in: Neue Züricher Zeitung vom 28.01.2011, Nr. 23, S. 31-32

Rathgen, Christian/Khadjavi, Stephanie: Markt Deutschland, in: Vielhaber, Ralf (Hrsg.): Handbuch Wealth Management. Das Kompendium für den deutschsprachigen Raum, Wiesbaden 2008, S. 12-15

Reittinger, Wolfgang: Financial Planning im Wealth Management, in: Brost, Heike/Faust, Martin (Hrsg.): Private Banking und Wealth Management, München 2006, S. 367-389.

Röckmann, Christian/Till, Matthias: Outsourcing – eine valide Option?, in: die bank 2/2011, S. 26-31

Roßbach, Peter: Honorarberatung versus Provisionsvergütung, in: die bank 10/2011, S. 50-54

Rudolf, Markus/Baedorf, Katrin (Hrsg.): Private Banking, 2. Auflage, Frankfurt 2011

Ruffner, Markus: Boutique-Banken mit intakten Chancen, in: Neue Züricher Zeitung, Sonderbeilage Vermögensverwaltung vom 16.06.2010, S. 17

Salmen, Sonja-Maria: Electronic Relationship Marketing im Bankgeschäft. Individualisierte Kundenbeziehungen – Schlüssel zum Private Internet Banking, Wiesbaden 2003

Schäpper, Gerhard R.: Der Schweizerische Privatbankier und seine Herausforderungen in der Zukunft, Genf 1997

Schaubach, Peter: Family Office im Private Wealth Management. Konzeption und empirische Untersuchung aus Sicht der Vermögensinhaber, in: Schulte, Karl-Werner/Tilmes, Rolf (Hrsg.): Financial Planning, Band 6, 4. Auflage, Bad Soden 2011

Schmidt, Karl Gerhard: Privatbankiers – gestern, heute und morgen, in: Eichhorn, Franz-Josef: Die Renaissance der Privatbankiers, Wiesbaden 1996, S. 35-48

Schulz, Franz/Krönert, Uwe: Die Umsetzung der Private Banking-Strategie PPS im genossenschaftlichen Finanzverbund, in: Brost, Heike/Faust, Martin (Hrsg.): Private Banking und Wealth Management, München 2006, S. 163-178

Schulze, Michael: Private Banking. Strategien zur Markterschließung, Stuttgart 2009

Storn, Arne: Private Banking. Irgendetwas mit viel Geld, in: Die Zeit, 02.09.2010 Nr. 36, S. 11-12

Swoboda, Uwe C.: Privatkundengeschäft der Kreditinstitute. Marketingstrategien und Managementprozesse, 3. Auflage, Frankfurt am Main 1998

Swoboda, Uwe C.: Retail-Banking und Private Banking. Zukunftsorientierte Strategien im Privatkundengeschäft, 3. Auflage, Frankfurt am Main 2004

Tilmes, Rolf/Schaubach, Peter: Private Banking und Wealth Management – Definition und Abgrenzung aus wissenschaftlicher Sicht, in: Brost, Heike/Faust, Martin (Hrsg.): Private Banking und Wealth Management, München 2006, S. 55-90

Ulrich, Keith: Aufstieg und Fall der Privatbankier. Die wirtschaftliche Bedeutung von 1918 bis 1938, in: Pohl, Hans (Hrsg.): Schriftreihe des Instituts für Bankhistorische Forschung e. V., Band 20, Frankfurt am Main 1998

Vielhaber, Ralf: Anbieter im Private Wealth Management. Eine kleine Typenlehre für Kunden, in: Vielhaber, Ralf (Hrsg.): Handbuch Wealth Management. Das Kompendium für den deutschsprachigen Raum, Wiesbaden 2008, S. 26-31

Vielhaber, Ralf (Hrsg.): Handbuch Wealth Management. Das Kompendium für den deutschsprachigen Raum, Wiesbaden 2008

Wesseling, Matthias: Was wünschen sich vermögende Privatkunden wirklich?, in: Brost, Heike/Faust, Martin (Hrsg.): Private Banking und Wealth Management, München 2006, S. 197-229

Wittkowski, Bernd: Wir wollen weiter Marktanteile gewinnen. Interview mit Hans-Walter Peters, in: Börsenzeitung Nr. 30, Sonderbeilage vom 13.02.2010, S. 1-2

Zeltner, Jürg: Strategische Erfolgsfaktoren für das Wealth Management, in: Brost, Heike/Faust, Martin (Hrsg.): Private Banking und Wealth Management, München 2006, S. 91-123

Zenz-Spitzweg, Patrick: Die Wahl des Anbieters im Private Banking. Eine Analyse der Wirkung der Determinanten von Premiummarken im Hinblick auf den Kaufentscheid im deutsche Private Banking, in: Zerres, Michael: Hamburger Schriften zur Marketingforschung, Band 50, München, Mering 2007

Ziegler, Dieter: Geschäftliche Spezialisierung deutscher Privatbankiers in der Zwischenkriegszeit. Ein vergeblicher Überlebenskampf?, in: Der Wissenschaftliche Beirat des Instituts für bankhistorische Forschung e.V (Hrsg.).: Bankhistorisches Archiv. Zeitschrift zur Bankgeschichte. Der Privatbankier. Nischenstrategien in Geschichte und Gegenwart, Beiheft 41, Stuttgart 2003, S. 27-47

Datum	URL	Thema
23.06.2011	https://www.fuggerbank-infoportal.de/about/history.php	Geschichte Fürst Fugger Privatbank KG
23.06.2011	http://www.handelsblatt.com/unternehmen/mittelstand/bankhaus-metzler-deutschlands-letzte-privatbank-in-familienhand/3829986.html?p3829986=all	Niedergang der Privatbankiers
23.06.2011	http://www.faz.net/artikel/C31151/konzentrationsprozess-die-zahl-der-privatbankiers-geht-immer-weiter-zurueck-30009894.html,	Konzentrationsprozess
24.06.2011	http://www.bankenverband.de/service/bankensuche/index_html/@@result?c=Privatbankiers	Liste Privatbankiers Bundesverband deutscher Banken
24.06.2011	http://www.pruefungsverband-banken.de/download/PV_Mitgliederverzeichnis.pdf	Liste Privatbankiers Prüfungsverband deutscher Banken e. V.
27.06.2011	http://www.metzler.com/metzler/generator/metzler/de/Wir__ueber__uns/Wir_20_C3_BCber_20uns_20_28Content_29.html	Porträt Bankhaus Metzler
27.06.2011	https://www.mbs-potsdam.de/module/ueber_uns/pressecenter/archivupload/20090630c.pdf?IFLBSERVERID=IF@@063@@IF	Mittelbrandenburgische Sparkasse übernimmt Weberbank
27.06.2011	http://www.berenberg.de/privatbank.html	Porträt Bankhaus Berenberg
29.06.2011	http://www.sparkasse.de/_download_gallery/files/Sparkassen-Finanzgruppe_in_Zahlen_2010.pdf	Übersicht Sparkasse Finanzgruppe
29.06.2011	http://www.haspa.de/contentblob/Haspa/DieHaspa/DasUnternehmen/Geschaeftsbericht/PDF_Geschaeftsbericht2010deutsch.pdf	Geschäftsbericht Hamburger Sparkasse
19.07.2011	http://www.rautenschleinbank.de/index.php?id=8	Landwirtschaftsbank

20.08.2011	http://www.handelsblatt.com/unternehmen/banken/eine-privatbank-fuer-jedermann/2266470.html	Privatbank für Jedermann
20.08.2011	http://www.swp.de/ulm/lokales/ulm_neu_ulm/Tradition-und-Werte-passen;art4329,1118441	Produkte Regionalbank
20.08.2011	http://www.metzler.com/metzler/generator/metzler/de/Institutionelle_20Kunden/Institutionelle_20Kunden_20_28Content_29.html	Corporate Finance bei Metzler
20.08.2011	http://www.karriere.de/beruf/marcard-stein-co-nur-fuer-multimillionaere-7197/2/	Marcard, Stein Family Office
24.08.2011	http://www.faz.net/aktuell/wirtschaft/wirtschaftswissen/wie-wir-reich-wurden/serie-wie-wir-reich-wurden-gut-dass-wir-die-banken-haben-1581948.html	Entstehung der Aktienbanken
28.08.2011	http://www.cash-pool.de/detail.htm	Anzahl Cash Pool Geldautomaten
24.10.2011	http://www.geldinstitute.de/data/news/news_1974542.html	Finanzdienstleistungsstudie: Private Banking 2008
27.10.2011	http://www.hafc.de/page/privatbilanz	Privatbilanz
27.10.2011	http://www.mmwarburg.de/de/footer/kontakt.html	Kontaktformular
27.10.2011	http://www.bankhaus-loebbecke.de/	Repräsentative Filiale
30.10.2012	http://www.berenberg.de/fileadmin/assets/jpg/Polo/berenberg-polo-derby-hamburg-2011.pdf	Berenberg Polo-Derby
31.10.2011	http://www.wiwi.uni-muenster.de/06//nd/fileadmin/wpg/ws0607/material/wiedemann.pdf	Wertschöpfungsmanagement
07.11.2011	http://www.fpsb.de/kunden/beratungsgrundsaetze.cfm	Beratungsgrundsätze FPSB

Datum	URL	Thema
19.12.2011	http://www.biw-bank.de/index.php	Transaktionsbank biw
29.11.2011	http://www.manager-magazin.de/magazin/artikel/0,2828,740763,00.html,	Family Offices in Deutschland
29.11.2011	http://www.faz.net/aktuell/finanzen/fonds-mehr/vermoegende-privatkunden-wechselwillig-und-zufrieden-1942194.html	Kundenverhalten
30.11.2011	http://www.dasinvestment.com/berater/news/datum/2010/10/14/studie-private-banking-im-umbruch/	Studie Private Banking 2010/2011
30.12.2011	http://www.die-bank.de/betriebswirtschaft/basel-iii-2013-eine-kritische-wurdigung/?searchterm=base	Basel 3
30.11.2011	http://www.die-bank.de/betriebswirtschaft/images/052011/bw052011-02-01.gif	Grafik Basel 3
30.11.2011	http://www.handelsblatt.com/finanzen/fonds/nachrichten/finanzkrise-macht-die-reichen-misstrauischer/5878962.html?p5878962=all	Finanzkrise macht die Reichen misstrauischer
05.12.2011	http://www.welt.de/print/wams/finanzen/article13737510/Alle-wollen-die-Superreichen.html	Kooperation mit Retailbanken
03.01.2012	http://www.guh.de/cms/data/_uploaded/file/Informationen/Gries%20&%20Heissel%20Bankiers%20-%20Preis-%20und%20Leistungsverzeichnis.pdf	Gebühren Girokonto
04.01.2012	https://www.hauck-aufhaeuser.de/page/bhfinancialparenting	Financial Parenting
05.01.2012	https://www.sparkasse-duisburg.de/pdf/privatebanking/berenberg_broschuere.pdf	Kooperation mit Sparkasse Duisburg

Persönliches Telefongespräch mit Herrn Dr. Marcus Lingel, Vorsitzender der Geschäftsleitung Merkur Bank KGaA vom 18.08.2011

Email von Hans Wollschläger, Wirtschaftsprüfer, Erlaubnis-, Aufnahme- und Inhaberkontrollverfahren Prüfungsverband deutscher Banken e. V. vom 19.08.2011